讀 氣 學 說
— 최한기의 삶과 생각 —

檮杌 金容沃

통나무

제2판 서문

"독기학설"이란, 최한기가 지은 『기학氣學』이라는 책을 읽고(讀) 말한다(說)는 뜻이다. 이 글은 원래 단행본으로 내려고 기획된 것이 아니었다. 과학사상을 연구하는 어떤 모임에서 학술지를 내는데 나의 연구논문을 한 편 싣고 싶다고 간청을 해서 내가 집필한 것이다. 그런데 그 학술지의 편집을 맡고 있는 사람들이 이 논문을 심사한 결과 "사회적으로 내놓기에 부적격한 논문"이라는 평을 내렸고 게재를 단호히 거부했다. 그때 내가 인간적으로 받은 상처는 참으로 비애로운 것이었지만 지금 돌이켜보면 바로 그러한 곡절 때문에 이 책이 세상에 크게 알려지게 되었고, 혜강의 진실이 더 깊게 탐구되는 계기가 되었기 때문에 누구를 탓할 생각은 추호도 없다.

그러나 그 모임 자체가 애초부터 내가 시작하여 내가 키운 모임이었고, 또 본 논문이 내가 쓰겠다고 한 것이 아니었고 그들이 부탁해서 쓴 것이라는 엄연한 사실을 회상해본다면 그들의 좁은 소견은 정말 이해하기가 어려운 것이다. 그 논문집에의 게재거부가 이 글이 사회화될 수 있는 것을 막을 수 있는 영향력을 가지고 있었던 것도 아니었다고 한다면, 그것은 아집과 편견의 테두리 속에서 권위주의를 먹고사는 가련한 몇몇 인간들의 증오와 배타의 소산이라고 밖에 달리 말할 길이 없다. 가련한 인간의 우치(愚痴) 그 자체를 탓할 수밖에!

지금 이 책을 읽어본다면, 그리 크게 파괴적이거나 우리의 현실감각에서 유리되었다는 생각을 가지기 어려울지도 모르겠다. 그러나 당시로서는 이 책의 내용은 매우 공포스러운 것이었다. 이 논문의 게재를 거부한 그들의 날카로운 형안을 우리는 높게 평가해야만 할지도 모른다. 그만큼 그들은 이 논문의 구원한 파괴력을 통찰하는 능력이 있었고, 그것을 막아야겠다는 사명감이 있었다. 최소한 이 논문이 그들의 논문과 한군데 묶여있다는 오명과 누명을 그들의 실존은 거부해야만 했던 것이다. 그러나 이러한 거부가 한국역사 속의 도올을 해방시켰고 성장시켰다. 그들이 학문의 정통성(orthodoxy)이라는 멍에에 전전긍긍하고 있을 동안 나의 영혼은 시공에 구애됨이 없이 훨훨 자유로운 비상을 구가할 수 있었던 것이다.『독기학설』은 이 시대의 이단서요 분서(焚書)임에 틀림이 없다.

 이 책을 공포스럽게 생각하고, 태워버려야 할 것으로 생각한 그들이 나에게 제시한 반론은 실학이라는 개념을 에워싼 나의 반론에 관한 것이었다. 그들은 기존의 실학의 개념의 정당성을 나에게 역설하면서, 나의 무지를 촉구하기 위하여 관련된 몇 편의 논문을 복사해서 보내주는 친절까지 베풀었다. 그러나 나의 실학에 관한 논의는 실학의 해석을 둘러싼 한 유파적 가닥으로서 해석될 수는 없는 것이다. 많은 상대적 소견의 한 갈래로서 나를 이해했다면 그들은 근원적으로 나의 취지를 이해하지 못한 것이다. 나의 논설은 근원적으로 그러니까 아주 절대적으로, 실학이라는 개념 그 자체의 성립 불가능성을 갈파한 것이다. 나의 논설을 수용하게 되면, 그 순간부터 실학이라는 개념을 전제로 진행되어온 모든 가설체계가 붕괴되어 버린다. 그 붕괴는 비단 실학이라는 건물의 붕괴에 그치지 않는다. 실학이라는 건물이 들어선 지반(地

盤), 그러니까 역사 그 자체가 붕괴되어버리고 마는 것이다. 역사의 붕괴란 곧 시간의 붕괴를 의미하며, 그것은 인간이 시간에 부여해온 많은 의미구조의 붕괴를 의미한다. 그 붕괴는 근원적으로 우리역사에 있어서 "근대"의 붕괴라는 것으로 나타난다. 한국역사에 있어서 우리는 꼭 "근대"를 이야기해야만 하는가 하는 매우 근원적인 질문을 야기시킨다. 찬·반을 논구하기 전에 이러한 근원적 질문은 인간에게 황당무계함이나 무정부적 혼란, 그리고 삶의 의미의 방향성의 상실을 야기시킨다. 그래서 사람들은 공포를 감지하는 것이다. 그러나 어느 독자가 이 책에서 이러한 공포를 감지할 수만 있다면 나는 그에게 엎드려 경복할 것이다. 당신은 정말 개방된 정신과 위대한 감수성의 소유자이외다 하고.

그러나 이러한 막연한 공포의 감정을 가라앉히고 곰곰이 생각해보면, 나 도올이 주장한 것은 실학이라는 개념이 조선역사에서 근원적으로 성립불가능하다는 것을 말한 것이 아니다. 단지 여태까지의 실학의 논의가 그 개념자체에 대한 인식론적 반성을 결하고 있다는 사실을 지적한 것뿐이다. 인식론적 반성이란, 실학이라는 개념이 역사적 실체로서 인식될 수는 없는 성격의 것이며 그것은 단지 후대의 역사기술의 한 방편, 다시 말해서 20세기 사학사의 한 장치(historiographical mechanism)일 뿐이라는 사실을 모든 실학논의의 인식론적 전제로서 깔아야한다는 것을 지적하는 것이다. 그런데 이것은 역사학의 기본상식을 가진 사람이라면 누구든지 수용하지 않을 수 없는 사실에 속하는 것이다. 그것은 논란의 대상이 될 수 없는 기본적 사실이다. 나는 이러한 기본적 사실을 인식하는 사람들 사이에서만, "실학"이라는 개념을 옹호하든 방기(放棄)하든, 실학이라고 규정하고 있는 조선의 학문성향에 관한 생산적 논의가 가능해진다는 것이다. 임진왜란 이후에 민생의 현실에 관심을 갖는 모종의 학문적 경향성이나 흐름이 엿보인다고 한다면, 그것을 "실학"이라는 개념으로 묶고 그 개념에 온당한 의미를 부여한다는 것은 물론 정당할 수 있다. 그러나 자기들이 주관적으로 부여한 의미체를 존재론적 실체(ontological substance)인 것처럼 타인에게 강요하는 사기만은 치지 말자는 것이다. 단지 나는 여태까지의 실학에 대한 의미부여 자체가 너무도 우리역사의 실상과 동떨어진 어떤 강요된 외재적 틀에 지배되어왔기 때문에 그 개념을 계속 사용할 경우, 불필요한 오해의 소지를 계속 떠안게 된다는 것을 지적한 것이다. 새 술은 새 푸대에! 실학이라는 개념을 파기해도 새로운 개념은 얼마든지 만들 수 있다. 카씨러의 말대로 인간이 존재하는 특권 그 자체가 상징을 창조하는 능력이다. 보다 우리시대에 맞는 새로운 역사기술의 개념을 창조하면 될 것을 무엇 때문에 그토록 "실학"이라는 단어에 연연하고, 그토록 "근대"에 연연해야 하는지 난 도무지 그들의 편협함을 이해하기가 어려운 것이다. 사실 요즈음은 실학이라는 개념을 함부로 쓰기를 꺼려하는 젊은 학인들이 많다.

기존의 학문의 권위를 독점하고 있다고 착각하는 많은 사람들의 기대와는 달리, 이 『독기학설』은 우리나라 사학도, 사상사학도, 철학도들에게 심원한 영향을 주었고, 실학과 근대성 논의에 관한 많은 엄밀한 디스꾸르를 생산하는 데 적지않은 공헌을 하였다는 것은 사계의 통설이다. 이 책이 지난 13년 동안 이단서로 기피의 대상이 되어온 것과는 대조적으로, 요즈음은 많은 사람들이 이 책을 당당히 논문 속에 인용할 뿐 아니라, 도올의 학문체계의 정당성을 용인하는 방향에서 포용적인 자세를 취하고 있다. 단지 나의 부끄러움은 본서가 기대한 만큼 혜강의 학문 자체에 대한 포괄적인 분석을 시도하지 못하고 있다는 데 있다. 허나 내가 이 책을 집필할 당시만 해도 혜강학은 미미한 수준에 머물러 있었다. 2003년 11월 21일 성균관대학교 대동문화연구원에서 열린 혜강탄신 200주년

기념 국제학술회의에 참석하여 발표를 하면서 느낀 소회는, 십여 년에 불과한 세월이지만 학인들의 정보의 범위가 엄청나게 확대되었다는 격세지탄을 느끼게 하는 것이었다.

  제2판을 내면서 여러모로 수정을 가하고 싶은 곳이 많았지만, 1990년 초판의 모습을 있는 그대로 전달하는 것이 오히려 나 도올이 혜강철학으로부터 받은 첫 충격의 생동감을 역사적 가치로서 남기는 정직한 자세라고 생각되어 가필을 자제하였다. 단지 문의를 명료하게 하기 위하여 몇 군데 수정을 가하고 보주를 덧붙였다. 앞으로 더 열심히 공부하여 부끄러움이 없는 연구서를 내놓을 수 있게 되기를 바랄 뿐이다. 독자들의 사유의 한 실마리로서 영감의 원천이 될 수 있다면 여타의 질정은 우리 모두의 창조적 밑거름으로 남을 뿐이라고 확신한다.

2003년 12월 2일
낙송재에서
도올 김용옥 쓰다

제1판 서문

본 논문은 학술지에 싣기 위하여 집필되었던 것인데 사정이 여의치 못하여 단행본으로 출간되는 것임을 밝혀둔다.
이 책을 혜강의 혼(魂) 앞에 바친다.

1990년 7월 1일
도올

제1장 최한기(崔漢綺)의 사승(師承)관계의 단절과 연속 (23)

최한기사상을 조선사상사의 역사적 맥락 속에서 규정지을 때 가장 두드러지는 것은 그 사상의 단절적 측면이다. 이 단절적 측면은 그의 사승관계에서 더욱 뚜렷이 부각되고 있다. 사승관계의 단절이 곧 그의 사상의 단절을 의미하는 것이기 때문이다. 그러나 대부분의 연구가 최한기사상을 조선조실학이라는 시대정신의 연속성 속에서 바라보고 있다. 그러나 우리는 실학이라는 시대정신을 근원적으로 다시 검토해 볼 필요가 있다.

제2장 실학이라는 시대정신은 사실인가? 개념인가? (31)

실학이라는 시대정신은 역사적 현실로서 전제되었던 사실이 아니다. 즉 실학이라는 의식적 운동이 개별적 사상가들에 앞서 선재했던 것이 아니다. 그것은 단순히 20세기 히스토리오그라피의 한 개념으로서 조선사상사의 특정한 조류를 규정하기 위하여 후대학자들에 의하여 만들어진 개념일 뿐이다.

제3장 실학과 근대성 모델의 외래성 (35)

우리의 상식적 역사인식 속에서 실학은 곧 반주자학이며 반봉건이라는 도식 속에서 인식되고 있다. 이것은 곧 근대성 모델을 어떻게 설정하느냐에 종속되는 속성들이다.

제4장 실학이라는 개념발생의 역사연원 (42)

통사적 히스토리오그라피의 한 개념으로서의 실학은 1935년을 전후로 『여유당전서』(정인보·안재홍 교)가 발간되면서 국학에 대한 관심의 증대와 더불어 생겨난 것이다. 따라서 실학이라는 개념은 국학을 인식했던 사람들의 역사인식구조를 떠나서는 존재할 수 없다.

제5장 실학과 일본사상사 근대성 모델의 전위현상의 세 가지 오류 (49)

1930년대로부터 1980년대에 이르기까지 실학이라는 개념을 중심으로 기술한 조선사상사의 가장 커다란 오류는 일제식민지시대의 의식구조 속에서 발생한 실학이라는 개념을 계기로 일본사상사의 근대성 모델이 전위되었다는 데에 있다. 그 첫째는 시대구분론을 둘러싼 봉건제논쟁이며, 둘째는 작위와 자연에 관한 일본사상사와 서구라파 근대사상사의 상응의 논리이고, 셋째로는 조선사회제도사와 일본사회제도사의 상이점을 무시한 오류를 들 수 있다.

제6장 근대성 모델의 내재적 정합성과 실학이라는 의미체의 역사적 굴절 (60)

실학이라는 근대성 모델이 조선사상사에 적용될 수 있는 유일한 기준은 근대적 히스토리오그라피로서의 실학이라는 의미구조와 조선사상사 자체에 내재하는 근대성 의미구조의 내재적 정합성이다. 그리고 조선의 유학자들이 그들의 문장 속에서 사용하고 있는 실학이라는 단어와 통사적 개념으로서의 실학이라는 단어의 의미내용은 전혀 차원을 달리하고 있는 것으로서 인식되어야 한다.

제7장 실학의 실성(實性)의 세 반전과 그 파기 (69)

역사적 현실태로서 실학이라는 개념을 쓸 수는 없다. 그러나 실학이라는 단어를 규정하고 있는 실성은 중국철학사의 고유한 것이며 그것은 역사적으로 세 번의 반전을 거친 것이다. 제1의 반전은 노장(老莊)과 불교의 공·허(空·虛)에 대하여 인류세계의 에토스를 실(實)로 파악하는 주자학의 반전이다. 이것은 중세기의 보편논쟁에 있어서 보편자의 리얼리티가 유명론으로 전환되는 것과 유사한 보편사적 맥락을 타고 있다. 제2의 반전은 주자학이 지향하는 도덕적 형이상학으로부터 구체적인 실용성과 실증성으로의 반전이다. 제3의 반전은 근대 뉴토니안 패러다임이 보편화되면서 일어난 반란으로 윤리로부터 물리에로의 반전이다. 최한기의 사상은 크게 말하면 제3의 반전의 축에 속한다. 그러나 실학이라는 개념이 이 세 반전을 모두 포괄하는 개념으로서 이해될 때는 실학이라는 개념의 특수성이나 역사적 의미가 없어져 버리고 만다. 뿐만 아니라, 실학이라는 개념을 이렇게 넓게 규정할 때 최한기사상의 단절적 측면이 그 무의미한 개념의 연속성 속에서 빛을 잃는다.

제8장 실학개념 파기 속에 드러나는 최한기철학의 단절과 연속 (84)

조선사상사는 실학이라는 개념 없이도 새롭게 기술될 수 있으며 이렇게 실학이라는 개념 자체가 실학화되는 과정을 통해서 우리는 개별적 사상의 특수성을 보다 정확하게 드러낼 수 있다. 최한기사상은 실학이라는 개념과 철저히 단절된 속에서 오히려 그 연속성이 올바르게 드러나는 것이다.

제9장 주자학(朱子學)의 치학방법(治學方法)과 경학(經學)으로부터의 탈출 (88)

최한기사상의 특수성은 그 치학방법에 있다. 그는 주자학이 설정한 학문방법의 모델을 전혀 따르지 않았으며 따라서 그의 사상은 경학의 주석체계라는 방법론으로부터 완전히 일탈되어 있다. 이것은 한대로부터 수당대를 거쳐 송명대에 이르는 한자문명권의 치학방법의 전 패러다임으로부터 탈출되어 있음을 의미한다.

제10장 최한기의 디스코스의 불가공약성(不可共約性) (96)
최한기사상은 비단 학문방법뿐만 아니라 그 학문을 구성하고 있는 언어개념체계가 기존의 어떠한 체계와도 공약될 수 없는 측면이 있다는 데 있다. 최한기사상의 언어는 미셸 푸코의 말을 빌리면 완전히 새로운 디스코스며 또 새로운 패러다임이라고 할 수 있다. 따라서 최한기사상의 이해는 그러한 새로운 디스코스의 독자적 구조를 분석하는 것으로서만 가능하다.

제11장 성인(聖人)이라는 패러다임과 기화(氣化)라는 패러다임 (100)
전통유학의 세계관에 있어서 모든 가치기준은 성인이다. 이것은 마치 서양사상사를 일관하고 있는 가치기준의 궁극성이 신에 있는 것과 같다. 그러나 최한기사상 속에서는 성인이라는 패러다임이 부재한다. 그리고 오로지 물리로서의 기화라는 패러다임이 그 자리를 점유하고 있을 뿐이다.

제12장 성경(聖經)과 천경(天經), 당연(當然)과 자연(自然), 윤리(倫理)와 물리(物理) (104)
최한기는 성인이라는 패러다임을 성경이라고 부르고, 기화라는 패러다임을 천경이라고 부른다. 그리고 인간의 작위의 세계를 당위라고 부르고 스스로 그러한 물리의 세계를 자연이라고 부른다. 최한기사상의 특징은 성경은 천경에 따름으로서만 의미를 갖는다고 보는 데 있다.

제13장 최한기는 양반이다! (109)
최한기사상의 단절과 연속을 설명하는 가장 정확한 첩경은 과연 그가 어떠한 인간이었나를 밝히는 데 있으며 조선조사회에 있어서 그의 신분의 문제와 직결된다. 최한기의 삶에 관한 전기자료가 부재한 상황에서 여러 가지 추측이 있었다.

제14장 최한기 삶에 내재하는 모순의 사상사적 의의 (115)
최한기는 족보상으로는 최항의 15대 후손이라는 엄연한 양반이지만 그는 완전히 영락한 양반이었으며, 그 가계상으로는 그의 삶의 실제적 상황이 설명되지 않는다. 그의 삶에 내재하는 서로 상충되는 측면들은 바로 그의 사상의 단절적 측면과 연속적 측면의 양 측면을 통합하는 계기를 형성한다고도 말할 수 있다.

제15장 단절과 연속의 통합 : 서울이라는 사회의 은상(隱相)과 현상(顯相) (120)
최한기는 서울 장안 한복판에서 평생을 보낸 사람이지만 그는 양반문화의 디스코스로부터 철저히 격절되어 있다. 즉 그의 디스코스는 조선조 유학을 지배해온 양반문화의 전통이 아닌 다른 전통과의 맥을 가지고 있다고도 볼 수 있다. 이것은 조선역사가 근대성을 지향하면서 부각되기 시작한 중인문화의 가치관과 직결되고 있으며 이것은 곧 19세기 중엽의 서울이라는 문명세계의 은상과 현상을 찾아내는 실마리를 제공한다.

제16장 센타와 페리페리 (131)

정약용과 최한기는 동시대의 사람이다. 정약용은 평생을 페리페리에서 살았지만 그의 관심은 항상 센타에 있었다. 그러나 최한기는 평생을 센타에서 살았지만 그의 관심은 센타를 초월하는 곳에 있었다. 즉 정약용의 사상모델은 구질서의 완성에 있었지만 혜강의 디스코스는 이미 재래의 경학이나 성경으로부터 단절된 새로운 질서를 지향하고 있었다. 최한기는 서울의 부유한 소시민이었고 양반의 가치체계로부터 벗어나 있었으며 의도적으로 평생 벼슬하지 않았다. 그리고 서울이라는 문명의 이기를 이용하여 북경에서 유입되어 오는 모든 정보체계를 독점하다시피 했다. 그는 평생 책을 샀고 책으로써 가산을 탕진하였다. 그러나 그러한 행위야말로 조선조 문명의 근대화의 위대한 젖줄이었던 것이다.

제17장 상식과 비상식 (138)

최한기사상을 특징지우는 것은 상식이다. 진리의 역사는 상식의 연변(演變)의 역사라고도 할 수 있다. 그의 사상은 서구라파 근대문명이 지향한 이성주의적 상식에만 만족할 수 없는 보다 포괄적 기화(氣化)의 상식을 지향한다는 데 미래학적 매력을 간직한다. 과학의 세계에 살고 있으면서도 비상식이 팽배하고 있는 이 시점에 최한기의 상식의 세계는 21세기 인류문명의 전개에 많은 시사를 던질 것이다.

제18장 혜강(惠岡)과 해월(海月) (141)

혜강의 기학이 성립한 것이 1857년이고 최수운의 동경대전이 성립한 것이 그 4~5년 후의 일이다. 다시 말해서 혜강의 패러다임은 정약용의 그것과는 보다 단절적인 형태를 취하고 있지만 동학의 사상구조와는 보다 연속적 관계에 있음을 말해준다. 혜강과 해월의 사상에 내재하는 공통된 측면을 추출함으로써 우리는 조선역사의 근대성 모델의 새로운 전범을 발견할 수 있을 것이다.

혜강의 말년작(66세, 1868) 『승순사무承順事務』의 원고. 종이가 없어서 운서를 뒤집어 이면에 글을 쓴 모습이 보인다. 혜강의 넉넉치 못했던 말년 살림과 사물을 아끼는 마음, 그리고 저술에 대한 치열한 정신을 엿보게 한다.

<혜강 종기 소장본>

제1장 최한기의 사승(師承)관계의 단절과 연속

 나는 요즈음 지기들과 더불어 『기학氣學』이라는 책을 읽고 있다.[1] "기학""" 이란 이름은 언뜻 듣기에 매우 모던한 느낌을 줄 수도 있지만 그것은 조선말엽의 유학자 혜강(惠岡) 최한기(崔漢綺, 1803~1877)의 대표적 저서의 한 명칭이다.[2]

---

1) 『氣學』독회는 韓國思想史硏究所의 한국사상사자료강독 프로그램의 일환으로 기획되어 1989년 12월 9일부터 시작되었으며, 격주로 토요일마다 모이고 있다. 지속적 참가자는 본인 이외로 李相海(성대 건축학과 교수) 張會翼(서울대 물리학과 교수), 崔玲愛(연세대 중문학과 교수), 金錫澈(아키반 대표), 兪在賢(한샘주거환경연구소장), 趙昌杰(한샘 대표), 李東哲(연구원), 金仁悳(연구원), 金錫根(연구원), 金大烈(연구원)이다. 初譯작업은 李東哲이 맡았으며, 校閱은 崔玲愛가, 講解는 金容沃이 맡았다.

2) 현존하는 문헌자료로서는 혜강 최한기의 일생을 자세히 구성하는 것은 어려운 듯이 보인다. 인류사상사를 통틀어 논해도 그 유례를 보기 힘들 정도로 호한(浩瀚)한 저작을 남긴 인물이지만 혜강 자신의 삶에 관한 자료나 연구가 별로 없는 것이 현재의 정황이다. 그리고 그의 생몰연대에 관하여도 부정확한 제설(諸說)이 많다. 혜강을 일반에게 널리 소개하는 계기가 된 북조선인민공화국의 사회과

기실 나는 나의 철학을 "기철학"(氣哲學: 도올철학의 고유명사)이라고 명명할 당시부터 이미 최한기의 기학이라는 명명을 의식하고 있었다. 혜강의 "기학"은 명실공히 도올(檮杌)의 "기철학"의 선구적 작업을 이루는 위업이라 하여도 그리 궤설(詭說)은 아닐 것이다.

혜강의 사승(師承)관계에 대하여 나는 심히 회의적이다.

학원 역사연구소 『조선철학사』(1960)의 최한기조(崔漢綺條)에는 그의 사망연대를 1873년으로 기입해 놓았을 뿐 아니라 그의 이름조차도 "崔漢琦"라고 부정확하게 기술해 놓았다. 이것은 1960년 당시 연구가 얼마나 피상적이고 부실한 인상적인 수준에 머물고 있었는가를 잘 말해주고 있다. 그 뒤 북한 연구서적은 최한기의 사망연대를 1879년으로 적고 있으나, 1879년이란 근거는 오로지 일제 관찬의 『朝鮮圖書解題』에 己卯(1879)에 歿하였다고 한 것에 근거한 것이다. (기실 내가 본 『朝鮮人名辭書』에는 己卯조차 乙卯로 되어 있다.) 최근 李佑成 교수가 崔氏세보의 연구에 의하여 바로 잡은 바 1877년의 몰년(歿年)이 가장 정확한 기록으로 보인다. 따라서 최한기의 생몰연대는 1803~1877을 정설로 한다고 할 것이다. 日人들의 『朝鮮圖書解題』『朝鮮人名辭書』에는 "字는 芸老, 東岡이라 號한다"로 되어 있는데 李佑成의 『明南樓全書』「解題」에는 "惠岡崔漢綺, 字芝㫆, 又號浿東"으로 되어 있다. 그리고 또 李敦寧은 字를 "藝老"라고 적어 놓고 있다(『創作과 批評』 4-3, 1969 가을·겨울호, 743쪽). 이것은 자료의 불확실성이나 연구의 부정확성에 기인하는 듯하다. 그의 자(字)를 "芝老"로 적어둔 곳도 있다.

우선 혜강이라는 인물을 흔히 철학사적 기술방식의 관념적 인과성에 의거하여 소위 조선조 "실학"(實學)전통의 말류적 개화(開花)로 간주하는 일체의 무근거한 언설들, 예를 들면, 혜강의 사상이 반계(磻溪) 유형원(柳馨遠, 1622~1673), 성호(星湖) 이익(李瀷, 1682~1764), 혹은 초정(楚亭) 박제가(朴齊家, 1750~1805)의 개명한 사회정치사상을 계승하고 있다든가, 혹은 화담(花潭) 서경덕(徐敬德, 1489~1546), 녹문(鹿門) 임성주(任聖周, 1711~1788)의 주기론적(主氣論的) 사상성향을 계승발전시켰다든가, 혹은 동시대의 사상가 오주(五洲) 이규경(李圭景, 1788~1840년대?)의 박물학적 실학의 영향권에 있다든가 하는 무책임한 제설들이 혜강의 사상맥락과 관련하여 남·북한 학자들의 논문 속에 광범위하게 논의되고 있으나, 과연 혜강의 학문이 주관적 맥락에서나(즉 혜강 자신의 의식 속에서) 객관적 맥락에서나(즉 혜강의 학문을 객화하여 평가하는 맥락 속에서) 그러한 연계성(historical continuity)이 확보될 수 있는 것인지는 매우 신중한 검토가 필요하다고 할 것이다. 그리고 또 전대(前代)의 사승(師承)관계뿐만 아니라 후대(後代)의 사승관계에 있어서도 정말, 관념적으로 연계 지우듯이 구한말의 개화사상가들, 예를 들면, 김옥균(金玉均, 1851~1894)이나 유길준(兪吉濬, 1856~1914)과 같은 이들의 생각이 최한기의 사상과 연계성이 확보될 수 있는 것이냐 하는 문제도 심히 회의적인 것이다. 우선 김옥균이나 유길준과 같은 이들이 혜강의 저술을 접한 사실이 없는 것이 확실할 뿐만 아니라 아이러니칼하게도 김옥균이나 유길준 같은 이들의 서양인식, 혹은 개화인식이 그 인식론적 깊이에 있어서 혜강의 그것보다도 훨씬 부천(浮淺)한 것일 뿐이라는 아이러니칼한 사실을 주목할 필요가 있다. 소위 개화파 인사들은 혜강과 같이 일관된 자기자신의 인식론적 구조 속에서 서양문명을 포괄하여, 개화되어 가고 있는 인류문명의 인식론적 의미를 본질적으로 천착하는 여유나 사유를 지니지 못한 사람들이었다. 급박한 정변 속에서 급박한 사회적 비젼이나 급박한 이기적(利己的) 변통밖에는 생각할 수 없었던 빈궁한 시대의 사람들이었기 때문이다.

이렇게 본다면 혜강 최한기의 사승관계를 규정하는 가장 핵심적 언사는 "단절"(Discontinuity)이라는 말일 것이다. 요즈음 몇 년간에 발발한 구학(舊學)과의 연계탐색(전통문화 재발굴)이 곧 그동안 단절되었던 허공을 도배질해버리는 착각을 유발시킬 수는 없다. "단절"이야말로 우리 역사 혹은 사상사를 특징지우는 불운한 사태인 동시에 또 단절의 절애(絶

崖)들이 또 다시 이어지곤 하는 역설적 강점이기도 한 것이다. 우리는 혜강과 같은, 질과 양에 있어서 유례를 보기 힘든 위대한 사상가가 단절 속에서 솟아나는 힘의 역사적 저력의 숭고함에 숙연함을 느끼지 않을 수 없는 동시에, 그러한 정연(整然)한 건조물이 한갓 역사의 무용지물로서 완전히 단절되고 방기되고 무시되고 곡해되는 역사적 전개방식에 대하여 개탄과 비탄을 금할 수 없다.

모든 개인은 역사적 개인이다. 시간을 초월한 즉 시간 밖의 개체란 어불성설이다. 따라서 모든 사상도 역사적 사상일 수밖에 없다. 이러한 명백한 전제를 수용한다면 우리는 다음과 같은 질문에 봉착하게 된다. 과연 역사에 완벽한 "단절"이 가능할 수 있을 것인가? 다시 말해서 혜강이라는 조선사적 혹은 세계사적 개인의 생각이 오로지 혜강만의 것으로서 설명될 수 있을 것인가? 라는 질문에 대하여 우리는 성실한 답변을 해야만 하는 것이다.

혜강의 사승(師承)을 논하는 데 내가 빌려쓴 "단절"이란 개념을 비판적인 것으로 만드는 작업, 다시 말해서 혜강의 역사적 불연속성을 연속화 시키는 작업에 가장 티얼하게 설정할 수 있는 가교적 실체는 바로 "시대정신"(*Zeitgeist*)이라는 것이다. 그러나 이때 또 다시 중요한 것은 시대정신의 시간적 범위설정과 또 그 시대정신의 주체설정의 문제다. 그 범위와 주체의 설정여하에 따라 시대정신은 판연(判然)한 이양(異樣)으로 분립(分立)할 수 있기 때문이다. 그러나 일단 혜강의 사상적 맥락을 따질 경우 구체적 사승(師承)이나 인맥, 학맥보다는 오로지 시대정신의 가교만이 유용한 것일 수 있다는 것을 먼저 암시해둔다.

제2장 실학이라는 시대정신은 사실인가 개념인가?

 그런데 여태까지 혜강의 사상적 맥락을 논구하는 데 가장 보편적으로 사용된 규합개념(organizing concept), 즉 그 사상의 수없는 역사적 맥락(갈래)을 규합하는 시대정신으로서 가장 보편적으로 운용된 개념이 소위 "실학"(實學)이라는 것이었다. 다시 말해서 실학이라는 실체를 존재론적으로 설정하여 조선사상사의 방대한 조류를 묶어놓고 그 묶음 안에 들어오는 모든 사람과 사상의 상호관계를 실학이라는 개념의 매개를 통하여 동질적으로 운운하는 방식이 소위 조선사상사에 있어서의 실학연구방법의 실황인 것이다. 그러나 이러한 연구방법이 과연 타당한 것인가? 막연히 생각하듯이 어떤 존재론적 근거를 가지고 있는 것인가? 다시 말해서 조선사상사에 과연 "실학"이라는 것이 정말 **있었는가?** 이러한 매우 본질적인 질문을 한번 던져보는 것은 오늘이라는 역사적 시점에서 매우 의미심장한 것이라고 나는 생각한다. '실학'이라는 개념이, 단순한 인식론적 오류 때문에 그 방면의 연구자들에게 존재론적 실체로 부상하거나, 그 실체의 정체를 밝히는 작업에 부질없는 언변과 삶의 시간을 낭비하는 불행한 사태는 좀 양기(揚棄)되어야 할 필요를 느끼기 때문이다.[3]

실학은 **사실**이 아니다. 그것은 **개념**일 뿐이다. 여기서 사실이라 함은 "역사적 실체"를 이름이며, 개념이라 함은 "후대에 조작된 픽션"을 이름이다.

---

3) 이러한 문제는 조선사상사 히스토리오그라피의 최대쟁점으로 부각될 수 있는 방대한 문제로서 여기 좁은 지면에서 간단히 취급될 수 있는 문제가 아니다. 그러나 "실학"이라는 헛도깨비의 오류가 조선사상사연구자들의 심령을 파먹는 바이러스처럼 만연하고 있는 이 시점에서 그 전체를 세밀하게 지적할 수는 없으나 여기 최한기 사상을 조명하는 데 필요한 맥락에 한정하여 나의 간이(簡易)한 통찰만을 약술하여 놓는다. 이러한 근원적 문제의 지적은 기존 오류의 틀 속에서, 즉 근원적 자기성찰이 부족한 自外的 틀 속에서 학문의 舊軌만을 답습하여 온 사람들에게는 자신의 학문의 존재론적 붕괴가 체험되는 사건이기 때문에 도저히 용납될 수 없는 것이다. 허나 명백한 사실을 명백한 사실 그대로 인지하고, 또 새로운 생각이나 학설의 수용이 자기존재의 붕괴로 직결될 필요가 없는 젊은 세대, 또 그 붕괴를 창조적 도약(Creative Advance)으로서 환영하는 유연한 모든 이들을 위하여 바른 인식의 한 틀로서 제시해놓을 뿐이다.

여기 최근 우리 철학계의 한 실례를 들어 이런 문제가 쉽게 이해될 수 있도록 논구해보자! 우리 철학계의 원로이신 김태길 선생님께서 "철학문화운동"이라는, 철학의 대중화, 즉 철학의 실사구시를 지향하는 운동을 표방하셨다고 하자! 이때 "철학문화운동"이란 이 사회에 영향력을 줄 수 있는 하나의 이념체계로서 그 내용이 고정된 것이 아니라 할지라도 어디까지나 "고유명사체"로서 의미를 갖는다. 그리고 김태길 선생님의 생각과 행위, 그 이념체계를 존중하는 학자들이 "철학문화운동"이라는 기치하에 그 이념체계를 의식하고 개별적 활동(저술)을 벌이고 또 그 활동의 연계작업을 통해 그 "철학문화운동"을 변증법적으로 구성해나간다고 하자! 그리고 그러한 변증법적 과정이 세대를 축적하면서 동일한 의식권(the dynamic identity of consciousness)의 역사 속에서 연속되어간다고 하자! 이럴 때의 "철학문화운동"이란 분명히 "역사적 실체"이며 그 역사적 실체는 그 운동에 참여한 사람들의 개별적 사상을 규합할 수 있는 사회적 제 관계를 포섭하는 개념으로서 존재론적 의미를 가질 수 있다. 우리가 보통 이러한 역사적 현상을 "운동"(movement)이라고 부르며, 또 그러한 운동을 표방하는 사람들의 집합체를 역사적 실체로서의 "학파"(school)라고 부른다.

과연 이러한 의미맥락에서 조선조의 실학은 "실학운동"이며 "실학파"를 형성하고 있는 것일까? 조선조문헌에 대하여 일차적 지식(간접지식이 아닌 직접지식)을 소유한 상식인이라면 나의 이러한 질문에 선뜻 "네"를 대답할 사람은 아무도 없을 것이다.

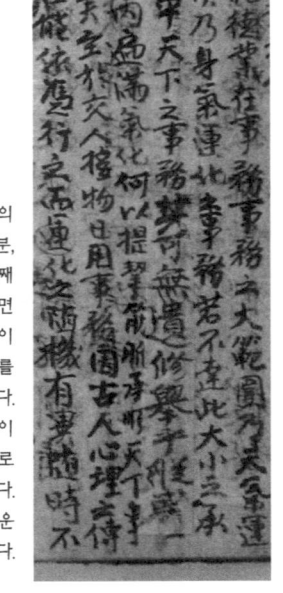

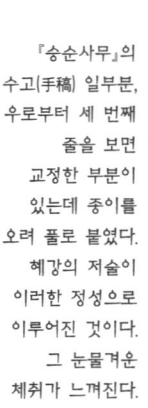

『승순사무』의 수고(手稿) 일부분, 우로부터 세 번째 줄을 보면 교정한 부분이 있는데 종이를 오려 풀로 붙였다. 혜강의 저술이 이러한 정성으로 이루어진 것이다. 그 눈물겨운 체취가 느껴진다.

제3장 실학과 근대성모델의 외래성

 우선 실학이라는 말의 의미체의 구조(semantic structure)를 살펴보자! 좀 전문화된 논란을 생략하기로 하고 "조선사상사"라는 구체적 맥락에 즉(卽)하여, 우리나라의 식자층이 현금 공유하고 있는 지식 즉 고등학교 교과서 수준의 명백한 보편적 상식의 구조 속에서 "실학"이라는 말의 사상사적 의미는 아마도 "조선조 중기·후기에 걸쳐 진행되었던 실사구시를 표방하는 반주자학적(反朱子學的) 성향의 사상집합체"라는 의미가 될 것이다.

 이때 가장 중요한 의미맥락은 "실학=반주자학"이라는 공식이다. 왜 실학이 반주자학이어야만 하는가? 지금도 퇴계학이나 주자학을 "신봉"하는 사람들은 그 유명한 주자의 『중용장구中庸章句』 서(序) 다음 앞머리에 나오는 "실학"이라는 언사를 들어,[4] 주자학이야말로 실학이라고 말하는데?

"실학=반주자학"이라는 공식은 오로지 그 공식을 성립시키고 있는 당위성의 구조를 밝힘으로서만 그 존재이유가 드러날 수 있다. "실학=반주자학"은 사실이 아니다. 즉 실학이 반주자학이어야만 할 정당근거는 역사적 사실 속에서 발견되는 것은 아니다. 그것은 오로지 역사를 해석하는 해석(사관)의 체계 속에서, 그 체계를 불가피하게 만들고 있는 당위성의 구조 속에서 찾아지는 것일 뿐이기 때문이다.

실학=반주자학이라는 공식의 당위적 정당근거는 일차적으로 "반주자학=반봉건"이라는 공식으로 환원되는 데서 찾아진다는 것은 사계의 일반상식에 속하는 일이다. 즉 주자학

---

4) 其書始言一理, 中散爲萬事, 末復合爲一理。放之則彌六合, 卷之則退藏於密, 其味無窮, 皆**實學**也。 이 구절을 실제로 찾아보지도 않고 대부분의 인용자들이 『中庸章句』序에 나온다고 말하는데 이 말은 序 속에 들어 있지 않다. 序가 끝나고 章句가 시작되는 그 사이에 끼어 있는 말이다. 그 뜻을 풀면, "『中庸』이라는 책의 책됨이 처음에는 한 가지 이치를 말하다가 중간쯤에는 온갖가지 일로 펼쳐져서 다양하게 전개된다. 그러다가 끝에 가면 다시 합쳐져서 한 가지 이치로 된다. 그 내용을 풀면 온 세상에 그득 차고 그 내용을 수렴하여 말아들이면 은밀한 철리에 숨어든다. 그 맛이 진진하여 끝이 없다. 모두 실제 배움(實學)이기 때문이다." 이때의 실학이 과연 우리가 말하는 "실학"인지에 관하여는 해석학적 맥락의 분석이 필요하다. 後述.

은 조선조 봉건체제를 옹호하는 사상체계이므로 조선조의 봉건체제에 안티적이고 또 안티이어야만 하는 실학은 바로 그 주자학을 비판하는 데서 출발하는 것이어야만 한다는 것이다. 그 반주자학적 성격이야말로 봉건체제를 비판하는 매우 진취적 사상의 특색이라는 것이다. 그런데, 우리는 이와 같은 질문을 던져 볼 수 있다. 과연 봉건체제는 비판되어야만 하는 것이냐? 그것은 도대체 왜 비판되어야하는 것이냐? 봉건체제가 혹시 좋은 것은 아니냐? 그것이야말로 인류의 가장 아름다운 유토피아적 비전이 될 수 있는 것은 아니냐? 왕이 있고 신하가 있고 종묘사직이 있고 삼강오륜이 있고 오곡백과가 풍성하고 아름다운 산하가 있는데?

아니다! 봉건체제는 비판되어야만 하는 것이다. 극복되어야만 하는 것이다. 지나가야만 하는 **역사적 단계**다! 그래서 그것이 빨리 지나가도록 도와준 실학이라는 비판철학이야말로 아름다운 것이다! 더 좋은 것이다!

그러나 우리는 이러한 식의 우격다짐으로는 우리의 회의적 성찰을 근원적으로 만족시킬 수 없음을 알고 있다. 봉건체제가 비판되고 극복되어야만 할 역사적 단계일 뿐이라는 명제

역시 사실명제가 아니라 당위적 명제이기 때문에 우리는 또다시 그 당위성의 구조, 즉 왜 봉건체제가 극복되어야만 하는가 하는 그 이유에 대한 설득력 있는 논증을 요구하게 되는 것이다. 그런데 그러한 논증을 우리는 우리의 역사 속에서 우러나오는 사실적 전개로서 발견할 수 없는 비극에 봉착하게 된다. 즉 그러한 논증을 설득력 있게 시도한 어느 누구도 조선조역사에서나 혹은 그 이후의 현대사에서도 발견할 수가 없는 것이다. 그러한 논증은 서구라파의 경우 "자유"라든가 "평등"이라는 개념과 관련되어 전개된 것이지만 그러한 모든 것이 우리에게서는 외재적으로 존재할 뿐 우리 자체 자내에서 우러나오는 개념으로 논증되어 있는 실례를 발견하기 어렵다.

그런데 근세 보편사의 대세의 추이에서 보자면 "반봉건"(反封建)의 당위성은 곧 "근대성의 추구"(Pursuit of Modernity)라는 매우 무비판적·무반성적 당위성으로 도배질 당하고 있다. 즉 반봉건이어야만 한다는 당위성에 대하여, 근대성을 추구해야 되기 때문에, 곧 근대적 인간과 근대적 사회를 만들어야 하기 때문이라는 이유는 결국 아무 의미없는 토톨로지에 불과함에도 불구하고, 그 정당성의 근거로서 강요되고 있는 것이다. 이렇게 본다면 실학의 개념설정은 그 논리의 인과적 맥락을 따라 논구해보면 결국 실학은 반주자학적 사상이며, 반주자학적 사상은 반봉건의 진취적 사상이며, 그러한 반봉건의 진취적 사상은 우리가 근대적 인간과 사회 즉 근대성(Modernity)을 추구해야하기 때문이라는 당위적 논리성으로 관철되고 있음을 깨닫게 된다. 이렇게 본다면 실학이라는 개념설정의 설계도는 곧 우리가 추구하려는 "근대성"의 구도에 종속되는 것임을 알 수 있다. 즉 "근대성"이 무엇이냐라는 질문에 답하는 사람의 인식구조에 따라 의식적으로든지 무의식적으로든지 "실학"의 개념구조가 결정되고 있다는 것을 깨닫게 되는 것이다. 그런데 불행하게도 우리는 실학이라는 개념을 논하기에 앞서 그 근원으로서의 "근대성" 그 자체에 대한 인식구조를 밝히고 있는 사상가를 최소한 "실학"운운하는 사람들[5] 사이에서는 발견하기 어려운 실정에 놓이게 되는 것이다.

실학이란 도대체 무엇이냐? 그것은 반주자학이다. 반주자학이란 도대체 무엇이냐? 그것은 반봉건이다. 반봉건이란 무

---

[5] 우리 시대의 역사학자·국문학자·동양철학자·한국사상사학자들이 대개 그 주류를 형성한다. 그러나 이들 사이에서는 근대성(Modernity) 자체에 관한 디스꾸르를 발견하기 어렵다.

엇이냐? 그것은 근대적 인간과 그 집단의 모습(사회)을 만드는 것이다. 그럼 근대적 인간은 무엇이며(어떠한 덕성에 의하여 지배되는 인간이며) 또 근대적 인간은 왜 만들어야 하는가? 이 마지막 질문, 바로 이 마지막 질문에 답하려고 하는 사람들, 즉 이 질문에 대하여 순수히 자기성찰 속에서 우러나오는 답변을 준비하려고 하는 사람들을 우리는 우리 주변에서 발견하기 힘들게 되는 것이다. 그러면 왜 자체적으로, 왜 자기실존 속에서 근대적 자아에 대한 요구가 강렬하지도 않았는데 그다지도 근대적 인간상을 구현하려는 데 광분해 있었는가? 왜 그다지도 열심히 "실학"을 떠들어야만 했는가? 이 괴리를 설명하기란 그리 어렵지 않다. 근대적 자아가 무엇인지도 모르면서, 그것이 진정 나 속에서 우러나온 강렬한 요구가 아님에도 불구하고 그러한 요구를 강렬하게(거의 종교적으로) 느끼는 것처럼 착각하고 최면하고 살지 않을 수 없었던 이유는 바로 "근대성"이라는 테제가 나에게 긴박하게 강요되었기 때문이다. 우리는 아무리 자선을 할 내재적 욕구가 강렬하지 않음에도 불구하고 갑자기 어두운 골목에서 노상강도에게 강요를 당하면 돈을 주는 자선행위를 하지 않을 수 없는 것과 마찬가지의 상황에 역사적으로 봉착했던 것이다. 이러한 상황에서 나의 행위를 지배하는 행위의 모델은 결코

나 자신에게 내재하는 것이 아니다. 다시 말해서 우리는 근대성의 구조를 우리자신이 콘스트럭트해야만 할 **자내적**(自內的) **요구**를 강렬하게 감지하기 이전에 이미 그 콘스트럭션의 모델이 외재적(外在的)으로 주어졌던 것이다. 즉 서구라파 문명이 먼저 근대적 인간(Modern Man)을 확립했고, 그러한 근대적 인간은 매우 **위협적인 모습**을 지니고 있었기 때문에 그 근대적 인간의 모델에 의하여 내가 근대성을 추구해야만 하는 당위성의 정당근거를 발견할 수밖에 없었건 것이다. "실학"이란 개념설정의 최종적 비극은 바로 이러한 외재적 모델의 협박적 모습에 있었던 것이다.

제4장 실학이라는 개념발생의 역사연원(歷史淵源)

 실학은 **사실**이 아니다. 그것은 **개념**일 뿐이다. 실학은 지금 우리가 실학자라고 부르는 사람들의 뇌리 속에서 우리가 생각하는 방식으로는 추호만큼도 그들의 의식행위를 지배했던 그러한 역사적 실체가 아니다. 즉 그들의 의식행위가 실학이라는 고유명사에 의하여 결집되고 있는 어떤 이데올로기를 변증법적으로 구성해가는 연계구조에 의하여 지배당하는 역사적 현상은 전혀 사실무근한 것이다. 즉 앞서 말한 "철학문화운동"의 예처럼, 실학이라는 운동이 선재하고 우리가 지금 규정하는 실학자들이 존재했던 사태가 아니다. 즉 실학이라는 이데올로기에 의하여 그들의 역사적 실존과 의식형태가 규정되었던 전혀 그러한 사태가 아닌 것이다. 우리가 흔히 과학 패러다임(scientific paradigm)이라고 부르는 그런 정도의 연계구조조차도 확보하지 못하는 것이다. 즉 그 선재성(先在性)은 고사하고라도, 그 후재적(後在的) 평가에 의하여 드러날 수 있는 어떠한 에피스팀(인식구조)도 아니다. 푸코(Michel Foucault, 1926~84)가 말하는 구조주의적 언설(言說, Discourse)도 아니다. 의식적 주체의 실천을 집단적으로 나타내는 언설의 자격조차 지니지 못하는 것이다.

"실학"이라고 우리가 현대적 히스토리오그라피 속에서 인식하고 있는 개념구조는 조선사상사에 내재하는 그러한 것이 아니다. 즉 여하한 존재론적 근거도 발견할 수 없는 픽션이며, 그것은 후대의 날조일 뿐이다. "실학"이라는 개념이 히스토리오그라피의 현대어적 개념으로서 등장한 것은 기껏해야 1930년대 일제치하에서 서구문물에 노출되고 민족주의를 자각한 소수 엘리트의 몽상적 논문에서부터인 것이다.

나라를 빼앗긴 자기배반적 모순된 실존의 발버둥 속에서 그래도 국학(國學)이라는 민족주의적 가면이 그러한 모순을 해결해줄 수 있는 실마리라도 제공해주리라는 일말의 희망을 안고 암흑 속에서 "조선학"(朝鮮學)6)이라는 기치를 내걸고

---

6) 1930년대 당대에 쓰였던 개념으로 『新朝鮮』『東亞日報』 등에 자주 등장하고 있다. 예를 들면, 『東亞日報』 1930년 9월 11일자 "朝鮮學"에 관한 白南雲 인터뷰 記事에는: "今年에 들어서면서부터 朝鮮學이란 말이 이곳저곳에서 쓰이고 있는데…朝鮮에서

국학관계자료들을 상재(上梓)하고 그에 관한 논문을 쓰기 시작했던 1930년대에 소수 엘리트그룹에 의하여 새로운 개념으로 등장했던 것이다. 이것은 광주학생사건(光州學生事件, 1929~1930)과 1931년의 일본만주침공을 고비로 민중의 저항운동이 완전히 봉쇄됨에 따라 보다 내공적(內攻的)이고 심층적인 저항운동밖에는 할 수 없는 상황에서 전개된 민족운동의 사상적 기치로 개발된 것이었다. 1935년 정약용(丁若鏞) 서거 100주년을 기념하여 정인보(鄭寅普)·안재홍(安在鴻) 교정(校正)의 『여유당전서與猶堂全書』의 거질(巨帙)이 신조선사(新朝鮮社)에서 인간(印刊)되면서(1934~35) 그 간행사업을 둘러싸고 언론기관들이 학술강연회를 열고 상당량에 달하는 소개 논평의 글들을 실어 정약용의 사상을 중심으로 조선후기의 실학을 찬양하였던 것이다.7) 조선후기의 신학풍을 "실학"이라는 개념으로 부른 최초의 예는 최남선(崔南善)의 『조선역사朝鮮歷史』(1931)에서 찾고 있으나,8) 그 실학이라는

朝鮮學이란 세 글짜를 제일 먼저 쓴 사람은…똑똑히는 記憶이 되지 않으나 崔南善氏가 그 무슨 글에서 처음 쓴 것으로 본 듯합니다." 『韓國文化史大系』(高大 民族文化研究所, 1970) Ⅵ, 991쪽에서 再引.
7) 이 주변정황은 千寬宇의 글 "韓國實學思想史," 『韓國文化史大系』 Ⅵ, 989~998쪽을 참조·인용하였음을 밝힌다.
8) 그는 여기서 柳馨遠, 李瀷, 安鼎福, 申景濬, 柳得恭, 韓致奫, 李

신 개념을 가지고 "실사구시"(實事求是)의 학풍으로 규정하여 일종의 체계화를 시도한 것은 문일평(文一平)이었다. 문일평은 "영조(英祖)·정조(正祖) 시대(時代)에 성행(盛行)하던 실사구시(實事求是)의 학(學)이 이조사상사상(李朝思想史上) 자못 주목(注目)할 현상(現象)"이라 하면서, "실학"을 "실사구시학"(實事求是學)과 동의어로 확립하였던 것이다. 이 시기에 실학(조선학)연구에 활약한 이들로서 정인보(鄭寅普), 안재홍(安在鴻), 백남운(白南雲), 현상윤(玄相允), 최익한(崔益翰), 이훈구(李勳求), 유진오(兪鎭午), 이병도(李丙燾) 등을 들 수가 있다. 물론 이들을 사로잡고 있었던 프레임웤은 앞서 지적한 대로 서구적 근대성의 모델을 일치도 벗어나는 것이 아니었다. 안재홍이 정약용사상을 분석하면서 "근대국민주의(近代國民主義)의 선구자(先驅者)"이며 "근대자유주의(近代自由主義)의 거대(巨大)한 개조(開祖)로서 일보(一步)의 선구(先驅)"이며 룻소의 『민약론民約論』이나 『인간불평등기원론人間不平等起源論』과 유사하다고 보았으며,9) 정약용사상의 원류

重煥, 李肯翊, 鄭恒齡, 丁若鏞과 그 一類로 朴趾源, 洪大容, 李德懋, 朴齊家 등의 이름을 들고 이를 "實學의 風"이라 하는 동시에, 그것은 "實證 實用의 學"이며, "朝鮮研究의 潮水"라고 언급하였다. 『同上』, 993쪽.
9) 安在鴻, "現代思想의 先驅者로서의 茶山先生," 『新朝鮮』, 1935

인 홍대용(洪大容)의 사상을 평하면서 "입헌정치(立憲政治)의 신진사상(新進思想)도 보이고 공상사회주의(空想社會主義)와 방불한 안(案)도 내었다"라고 한 것은 그 좋은 예가 될 것이다. 1939년에 나온 최익한의 장편 논문(역시 『신조선新朝鮮』에 수록)에서는 정약용을 "개혁론자"(改革論者) 그러나 "위대(偉大)한 공상가(空想家)"라 전제하고, 그를 룻소, 벤삼, 케네와 비교하고 있다.10)

이렇게 해서 정착된 "실학"이라는 개념은 1950년대 60년대를 거치면서 천관우(千寬宇), 한우근(韓㳓劤), 이우성(李佑成) 등의 선구적 작업을 통해 보다 구체화되는 명맥을 유지하다가, 1970년대에 고전학연구의 붐이 일어나면서 1980년대는 폭발적으로 연구자 콤뮤니티를 형성하기에 이른 것이다. 박정희-전두환 군사독재의 암울한 정황 속에서 자라난 경제적 여건의 성숙과 언론의 억압이라는 배치곡선이 고전학 부활, 전통과의 연계성 회복으로 승화된 것은 마치 30년대의 정황과 부분적 상응성이 있다고 할 것이다. 그리하여 마치 실학은 조선사상사의 가장 거대한 주류를 이루는 역사적 실

년 8월.
10) 『韓國文化史大系』 VI, 996쪽.

체로서의 운동인양 그 개념형성과정에 대한 인식론적 반성이 전무한 상태에서 그 존재론적 가설이 무분별하게 전제되고 그로부터 모든 연구의 논리가 연역되는 거대한 오류가 판을 치게 된 것이다.

 여기서 우리가 다시 한 번 짚고 넘어가지 않으면 안되는 것은 "실학"은 역사적 사실이 아니며, 과거사의 고립된 이벤트를 꿰매기 위한 하나의 개념(사관, interpretation)으로서 그 역사적 개인들 자신과는 직접적으로 관계되지 않은 후대의 역사적 정황 속에서 구조적으로 발생한 통사기술(通史記述)의 역사적 산물이라는 것이다. 그러한 역사적 산물은 필연적으로 그것을 발생시킨 역사적 시점의 의식구조에 종속되기 마련이며, 그것은 곧 20세기의 불운한 역사적 과정의 축적이 빚어낸 최근세사의 "근대성"구조와 직결된다는 것은 이미 논증한 바와 같다. 다시 말해서 실학이라는 히스토리오그라피의 규합개념은 "근대성"의 구조를 어떻게 규정하느냐에 따라 가변적일 수밖에 없는 상대적 개념이라는 것이다. 이러한 **근대성의 상대성**을 특징지우는 제 요소는 서구라파문명의 선구적 실험에 의하여 외재적으로 이미 제시된 것이었고, 이러한 요소의 유입은 1930년대의 지성인들에게는 서구라파에서 직수입된 것이라기보다는 일본문명의 필터를 통하여, 즉 일본문명의 성공적 근대화(=서구화)작업의 모델을 통하여 인식된 것이었다.

혜강의 사후 기축년(1889), 후손이 그의 잡다한 글을 모아놓은 『횡결竑觖』이라는 책의 한 부분. 문장에 대한 혜강의 견해가 적혀있다. 이 책은 『증보명남루총서』에도 들어가 있지 않다.　　　　　　　　　　　<종가 소장본>

제5장 실학과 일본사상사 근대성모델의 전위현상의 세 가지 오류

따라서 우리가 실학이라는 개념을 운용해온 역사에 대한 성찰에 있어서 끝까지 경계하지 않으면 안되는 문제는 **메이지(明治) 이래 일본사상사의 문제의식의 무의식적 전위현상**이다. 다시 말해서 일본사상사 그리고 일본사회사에 내재적이고 고유한 문제의식의 구조가 그것과 전혀 다른 양상을 지니고 있는 조선사상사나 사회사에 무분별하게 전위되어 조용되는 형이상학적 폭력에 관한 경계가 집요하게 의식되어야 한다는 것이다.

우선 쉽게 지적할 수 있는 것은 "실학=반주자학=반봉건"의 도식에서 과연 반주자학이 곧 반봉건이라고 할 수 있는 것인가라는 질문에 관계되는 것이다. 그렇다면 조선사회는 봉건사회가 되어야만 할 것이다. 그러나 내가 이미 나의 여타 저작물 속에서 누차 강조했고11) 또 일본이나 서양의 개명한 학자들이 다 시인하듯이 일본의 에도(江戶)사회는 분명히 봉건사회라 할 수 있으며 따라서 서구라파 역사의 봉건체제(feudalism)와 상응되는 사회구조를 지닌다고 말할 수 있지만 조선왕조(李朝)는 봉건사회라고 할 수 없는 중앙집권적 관료체제의 사회며, 이것은 곧 서구라파의 근대화과정이 전제한 사회발전단계구조와 상응되지 않는 특수한 것이다. 이러한 괴리현상이 정확하게 설명되지 않는 상황에서 실학이란 개념을 근대성이란 테제와 더불어 무분별하게 설정한다는 것이 얼마나 무모한 짓이냐 하는 것은 쉽게 알아차릴 수 있는 것이다. "봉건"이란 인류역사상 특수한 사회·정치·윤리체제를 가리키는 고유명사이며, 그것은 서구라파역사발전방식에 고유한 매우 특칭적인 것이다. 따라서 "봉건"이란 말은 "전근대"라는 말과 동의어적인 용법인 일반명사로서 무분별하게 쓰일 수가 없는 것이다. 동양언어권(한자문화권)에서 "봉건=전근대"라는 명제가 마치 보편적인 것인양 통용되기에 이르른 것은 오로지 일본사의 특수발전양식

---

11) 나의 『루어투어 시앙쯔』(서울: 통나무, 1986) 윗대목, 90쪽. 『老子哲學 이것이다』(서울: 통나무, 1989), 3절과 4절. 『白頭山神曲·氣哲學의 構造』(서울: 통나무, 1990), 125~6쪽. 제32條. 그리고 『삼국통일과 한국통일』(서울: 통나무, 1994) 上卷中 "역사의 문제"(69~93쪽)라는 나의 논설을 참고할 것(제2판 주).

과 서구라파 역사발전 양식의 상응성이 빚어낸 착각에서 유래되는 것일 뿐이며 그것은 근대 전에 오는 역사의 모습이 "봉건제"라는 사회구조를 취하고 있는 역사에서만 공유될 수 있는 명제일 뿐이다. 어떠한 경우에도 조선조역사에 대하여 우리는 봉건제라는 말을 쓸 수가 없다. 그렇다면, 봉건제→자본제→공산제라는 서구라파 역사의 고유발전도식이 과연 조선사상사의 전제로서 차용될 수 있는 것인가에 대하여 우리는 심각한 의문을 제기해야만 하는 것이다. 공산제로의 이행단계를 인정하지 않는 우파학자들도 봉건제→자본제라는 역사발전도식을 너무도 당연한 보편명제로 무분별하게 수용하고 있는 상황에서는 히스토리오그라피의 아무런 본질적 차이도 발견할 수가 없는 것이다. 다시 말해서 "실학=반주자학=반봉건=부르죠아 자본주의 자유정신의 맹아"라는 도식이 과연 타당할 수 있는 역사론적·인식론적 전제가 될 수 있는가 하는 문제는 근원적인 재검토를 요하는 것이다. 실학이라는 개념설정과 관련하여, 서구라파 역사도식의 상대적 특수성을 보편화하는 오류를 정당화하고 있는 것이 바로 동양사에 있어서 일본사의 특수 필터라는 명백한 사실에 대한 각성이 요청되는 것이다.

둘째로, 실학이라는 개념설정의 사상내용과 구조에 관하여, 일본사상사의 특수정황, 즉 일본사상사에 고유한 문제의식에서 파생되는 이론적 쉐마(Schema)가 부지불식간에 덮어 씌워져 있는 오류에 대한 각성이 요청되는 것이다. 이것은 일본의 "근대화"가 자연스럽게 "봉건→자본주의" 도식을 전제로 할 때, "에도막번제(江戶幕藩制)→천황제(天皇制)+자유민권(自由民權)+자본주의(資本主義)→군국주의(軍國主義)+근대국가주의(近代國家主義)"의 도식으로 번역될 수밖에 없었고, 이러한 과정은 필연적으로 서양의 근대성을 규정하고 있는 이론적 틀(예를 들면, 서구라파 합리주의, 계몽주의)을 모델로 할 수밖에 없었다. 즉, 이러한 모델링의 패턴 속에서 기계적으로 도출된 공식이 곧 "실학=반주자학"이었으며, 이 "반주자학"의 테제는 곧 일본에도사상사(江戶思想史)의 최대주류인 "코가쿠"(古學, 古文辭學)의 해석에 있어, "봉건제→자본제"의 도식이 일본 "막번제(幕藩制)→천황제(天皇制, 明治維新制)"의 도식과 "핏타리"(짝) 맞아 떨어지는 것과 마찬가지로, "반주자학=코가쿠=근대사상"의 도식이 기맥히게 짝 맞아 떨어지면서 모든 히스토리오그라피를 지배하는 테제로서 발전하게 된 것이다. 따라서 우리나라의 실학개념 설정의 최대비극은 1930년대의 선각자들이나, 그 뒤 천관우·한우근 등등의 선두주자들, 그리고 7·80년대의 서양학문의 세뇌를 받거나 일본에 유학한 그룹, 혹은 맑스류의 사회정치철학에 매료당한 소위 의식적 그룹을 막론하고 모두 부지불식간에 이러한 도식의 오류에 부분적으로 혹은 전체적으로 지배당하고 있다는 부인 못할 사실에 있다.

	pre-modern	**modern**
서양	봉건제 (지방분권)	자본제·국가주의 (중앙집권)
일본	막번제 (지방분권)	천황제·국가주의 (중앙집권)
한국	관료주의적 왕권제 (중앙집권)	식민지 개화 (중앙집권 관료주의 강화)

이러한 오류는 나 개인에 의한 매도의 대상으로서의 오류라기보다는 그럴 수밖에 없었던 역사적 정황이었으며 상대적 의의를 지니는 역사적 현실이었다. 그러나 혜강의 말대로 "변통"(變通)을 모르는 지각(知覺)은 죽은 지각이다. 역사적

정황이 변통됨에 따라 역사를 바라보는 인식의 틀이 변통되게 마련이며 인식의 틀이 변통되면 역사를 규합하는 개념도 변통되어야만 하는 것이다. 나는 선구적 업적을 남긴 이들을 비판하지 않는다. 그들은 그들의 시대의식 속에서 파이오니어로서의 래디칼한 시대사명을 다한 사람들이기 때문이다. 그러나 이들 파이오니어의 업적을 평가하는 데 있어서 인식론적 반성이 결여된 채 그들의 학설과 개념적 전제를 답습만 하고 있는 요즘 학인들의 대세를 통탄스럽게 생각하는 것이다. 거기에는 다음의 세 가지 유형의 단순한 이유가 개재되어 있다. 첫째는 그들의 인식론적 오류를 근본적으로 감지할 수 있는 능력이 없는 무감각 때문이며, 둘째는 그러한 인식론적 오류를 눈치 정도는 채고 있다 할지라도 그것을 뒤엎고 그것에 상응하는 자기테제를 정립할 수 있는 능력이 근원적으로 결여되어있기 때문이며, 셋째는 이것도 저것도 아닌 그야말로 주어지는 밥만 먹는 것이 편하기 때문에 아무 생각없이 루틴만 답습하기만 하면 먹고 살 수 있다는 타성 때문이다.

일본 코가쿠(古學)의 반주자학적 도식에 있어서 이론적 쉐마(theoretical scheme)로서 부상한 최대의 쟁점은 자연성(自然性, Naturality)과 작위성(作爲性, Artificiality)의 문제였다. 다시 말해서 일본 코가쿠의 발전양식의 최대 특징(공헌)이 **작위(作爲)의 자연(自然)으로부터의 분리**라고 파악하고 이러한 작위관(作爲觀)적인 분리가 곧 작위와 자연을 통합된 태극(太極)의 정체(整體)로서 파악하는 주자학의 유기체론적 세계관(organismic *Weltanschauung*)에 대한 반동(反動)이라고 보며, 이 반동이야 말로 중세기적・봉건적 정체(feudalistic stagnation)에서 탈피하는 근대적 전기를 마련한 획기적 근대사상이라고 보는 것이다.12) 따라서 "실학"의 "실(實)"성(性)의 최초의 이론모델은 "고학"(古學)의 "고(古)"성(性)에서 주어진 것이며, 이 고성(古性)은 바로 작위(作爲)의 자연(自然)으로부터의 분리였으며, 이 것은 작제(作制, institution)와 도덕(道德, morality)의 분리, 도덕의 자연론적 정당화(naturalistic justification) 근거의 부정, 혹은 성인(聖人)의 제작(制作)에 대한 무한한(낙관적) 신뢰, 즉 인위문명을 자연의 구속으로부터 해방시키는 근대적 낙관주의 (이 낙관주의는 바로 "Progress"로 연결된다) 등등의 특징적 구조를 지닌 이데올로기체계였던 것이다.

그러나 실학의 실성(實性)이 반주자학이어야만 할 하등의

---

12) 이러한 논의와 관련하여 나의 『백두산신곡・기철학의 구조』 "기철학의 구조" 제30조를 잘 음미해 볼 것. (통나무, 124~5쪽).

근거가 없는 것이다. 최소한 근대화의 모델이 서구라파 역사 모델에 있지 않았던 조선조의 유생들에게 있어선 더 더욱 그러한 것이다. 그리고 그러한 역사모델과 그 느낌바탕이 전혀 다른 분위기로부터 그러한 반주자학적 테제를 억지로 읽어내어 엮어야만 할 아무런 이유가 없는 것이다. 즉 실학의 실성(實性)을 규정짓고 있는 고학(古學, 코가쿠)의 고성(古性)은 곧 마키아벨리로부터 헤겔에 이르는 서양의 계몽주의적 작위관의 모델에 그 궁극적 패러다임이 존(存)한 것이었으며 그러한 계약론적 에토스가 반드시 조선사상사의 근대성의 에토스를 규정하는 어떤 이데아 티프스로써 군림해야 할 아무런 이유가 없는 것이다. 그리고 근대적 인간상(Modern Man)이 반드시 자연과 작위의 분리 위에서 정립되어야만 한다는 당위성이 확보될 존재론적 근거는 부재한 것이며, 따라서 근대적 인간관이 곧 반주자학적 이론구조를 가져야 한다는 억지기준도 무의미한 것이다. 따라서 주자학적 세계관 속에서 근대적 자아를 추구해 보려고 발버둥친 사람(사상가)들을 후대에 평가함에 있어서 반주자학적 이론모델의 기준에 얼마나 친화력(affinity)이 강한가에 따라 그 가치의 등급이 매겨지고 있는 철학사·사상사 기술방식이 과연 얼마나 타당한 것인가는 지극히 의심스러운 것이다.[13] 이러한 나의 언설을 지근(智根)이

일천(日淺)한 자들은 마치 퇴계-주자학의 보수적 윤리를 찬양

---

13) 불행하게도 북한에서 기술되고 있는 철학사의 대부분이 이러한 무비판적 오류에 의하여 지배되고 있고, 또 남한의 철학사 기술은 대부분 그러한 오류를 오히려 불철저하게 답습하고 있는 실정이다. 북한학자들의 이러한 오류는 바로 그들이 설정한 맑스·레닌·김일성주의 유물론적 모델이 서구라파계몽주의의 전형적 모델 중의 하나라는 사실에서 쉽게 그 맥락이 파악될 수 있다. 그러한 오류의 냄새를 쉽게 맡을 수 있는 책으로서, 남한에서 출간된 다음의 두 책의 일독을 권고한다: 1) 정진석·정성철·김창원 共著,『조선철학사(상)』(사회과학원 역사연구소 刊 제2판, 1961), 이것을 남한 이성과현실사에서 1988년에 다시 排印해 낸 것. 2) 정성철,『실학파의 철학사상과 사회정치적 견해』(사회과학출판사, 1974), 이것을 남한의 한마당에서 1989년에 다시 排印해 낸 것.
그리고 古學의 해석학적 틀을 조선사상사기술에 무비판적으로 적용한 오류의 전형적 예는 朴忠錫씨가 마루야마 마사오(丸山眞男)氏 밑에서 지도 받고 박사학위논문으로 제출한 논문이다: "李朝後期における政治思想の展開, ─ 特に近世實學派の思惟方法を中心に─"『國家學會雜誌』Ⅰ, 卷八十八卷, 第九·十號(1975); Ⅱ, 第八十八卷, 第十一·十二號(1975); Ⅲ, 第八十九卷, 第一·二號(1976). 나는 東大유학시절에 이 논문을 주목하고 세밀히 정독한 바 있으나 이 논문은 그릇 설정된 마루야마식의 전제 속에서 기존의 二次자료를 꼴라쥬한 매우 빈곤한 논문이라는 인상을 받았다. 이 논문을 지배하는 사관에는 근원적인 오류가 있다. 자기 틀을 세울 수 없는 상황에서 의타적 도식을 무비판적으로 수용했기 때문이다. 마루야마식 한국사상사의 한 전형일 것이다. 그러나 기존의 논쟁을 일관된 프레임에 의하여 치밀하게 정리하여 놓은 그 공적은 높게 평가할 만하다. 그리고 일본사상계에 비록 그릇된 인상이긴 하지만 조선사상사의 내재적 맥락을 논리적으로 정연하게 소개한 공적은 과소평가될 수 없을 것이다.

하는 반동우익사상가의 복고적 프레임이 아니냐고 반문할지 모르지만, 그런 유치한 악순환의 굴레를 근원적으로 일탈한 곳에 나의 비젼이 있으며 나의 비젼은 당분간 역사적 총체적 실상을 사상(事象) 그대로(*Zu den Sachen selbst*) 파악하는 데 주력하고 있다는 것만 암시해 둔다.

셋째로 우리가 일본사상사의 문제의식의 무의식적 전위현상과 관련하여 그 바탕의 괴리를 인식하지 않으면 안되는 문제로서 사회사적 구조적 특성을 들 수 있다. 즉 상기의 두 항의 위험성은 바로 일본사회(에도사회)와 한국사회(조선사회)의 신분적 구성이나 또 계급의 발생에 관한 특성의 구조적 차이와 깊게 연관되고 있다는 것이다. 즉 일본사회는 중앙집권적 관료제가 부재했다든가, 따라서 인재등용방식으로서의 과거제가 없었다든가, 또 조선조사회에는 에도막부사회에서 극히 발단한 쵸오닌(町人)계급이 발달하지 않았다든가, 따라서 자본과 자본윤리의 형성방식이 다르다든가, 그리고 조선의 선비와 일본의 사무라이가 같은 "사"(士)라는 문자로 표상(representation)되고 있을지언정, 그 사유·윤리구조가 근원적으로 동질화될 수 없는 차이를 지니고 있다든가 하는 제반 사회사적 특성이 어떤 근대화라는 테제의 한 모델기준에 따라 일률적으로 가치우열이 매겨지는 그러한 방식으로 분석되어야 할 것이 아니라 그 자체의 역사상대주의적 고유가치를 있는 그대로 파악하는, 즉 "동"(同)에 앞서서 "이'(異)를 있는 그대로 파악하는 새로운 인식방법에 의하여 분석되어야 한다는 것이다. 이러한 문제도 겨우 80년대에나 들어서서 활발한 문화교류의 결실로서 한·일 양국의 학자들 사이에서 새롭게 발생한 문제의식이라는 역사적 사실을 올바로 그리고 정직하게 파악해야 할 것이다.

제6장   근대성 모델의 내재적 정합성과 실학이라는 의미체의 역사적 굴절

다시 한 번 반복한다: 실학은 **사실**이 아니다. 그것은 **개념**이다. 우리는 실학이 조선사상사의 역사적 실체가 아니며 그것은 실학이라는 통합개념과 무관하게 자기생각을 전개해 온 개별적 사상가들을 통사적으로 즉 체계적으로 꿰뚫어 기술하기 위하여 날조된 후대의, 즉 1930년대 이후의 최근세사적 개념이라는 것, 그리고 그 개념 속에는 1930년대~1990년대의 축적된 한국사회의 문제의식과 또 메이지유신을 거치면서 근대국가로 변용하는 과정에서 발생한 일본사상사의 문제의식이 무의식적으로 전위된 의미맥락이 개재되어 있다는 것을 밝혔다. 아마도 반계나 성호나 다산선생을 지금 인터콘티넨탈 학술회의장에다 모셔놓고 당신들이야말로 실학파의 거두이올시다, 그 실학운동의 내용을 밝혀주소서라고 하면서 열띤 논쟁을 벌이고 있는 학자들의 모습을 그 세 분 선생께서 바라보신다면, 이게 아닌 밤에 무슨 홍두깨인가? 도대체 이들이 말하는 실학이라는 게 무엔가? 알쏭달쏭 황당무계한 감회에 불안해하실 것임에 틀림이 없다.

그런데 나의 이러한 상상에 반론을 제기할 학자들이 적지 않을 것이다. 그들의 반론의 핵심을 요약하면 다음과 같이 정리된다: 그래! 도올! 그대 말이 맞다. 실학은 분명 이데올로기적 가상체로서 역사에 선재했던 것이 아니라 후대에 날조된 개념임에 틀림이 없다. 그러한 인식론적 반성이 필요하다는 지적을 우리는 수용할 수 있다. 그러나 크로체나 E. H. 카아의 지적대로 모든 역사기술은 현대사적 관점에서 일정한 사관에 의하여 쓰여질 수밖에 없는 것이고 보면 "실학"이라는 히스토리오그라피의 개념설정 그 자체를 오류라고 할 수는 없다. 실학이 아니면 또 다른 하나의 오류적 개념이 설정될 수밖에 없을 것이다. 그리고 "실학"이라는 개념은 결코 날조된 것이 아니다. 그리고 서양의 래셔날리즘(Rationalism)이니 엠피리시즘(Empiricism)이니 하는 따위의 서양적 개념을 나마로(생채로) 수입해 들여온 것도 아니고, 그것이 어디까지나 조선조 유학자들의 고문헌에 나오는 개념을 그대로 쓴 것일 뿐이다. 그러니 실학이야말로 역사적 정황의 사상(事象)

그 자체에 가장 잘 들어맞을 수 있는 최대공약가능치의 개념일 수 있는 것이다. 그렇다면 도올 자네처럼 불필요하게 "실학"을 헐뜯어 기발한 새 착상을 과시하는 궤변에만 빠지지 말고 이왕 선배들이 수고해서 실학이라는 개념을 정착시켰으니까 독야청청하는 폼만 잡지말고 거기에 잘 화합해서 실학 그 자체의 새로운 해석에 힘을 모으는 편이, 사계의 발전을 위하여 아름답고 좋은 일이 아니겠나? 어떻게 자네는 단정할 수 있는가? 반계선생이나 성호선생, 다산선생이 인터콘티넨탈호텔 회의장에 오셔서 자기들을 실학자라고 부르는 것을 보시고 무릎을 치시면서 "옳다 너희들이 날 제대로 봤구나!" 할는지, 그리고 실학연구자들의 발표논문을 들으시고 당신 자신들이 미처 생각치 못한 것까지 잘 발양하고 있다고 흐뭇해 하시고 감탄해 하실지. 그러니 너무 이설(異說)을 내는 데만 혈기를 올리지 말게나!

이러한 아름다운 권고에 대하여 나는 두 가지 중요한 논리적 쟁점만을 명료히 지적하는 것으로서 그 고마움에 답하려 한다.

첫째, 근대성은 특정한 역사의 전유물이 아니다. 다시 말해서 근대적 인간과 사회에 대한 갈망은 비단 서구라파의 라틴족이나 게르만족에게만 있는 것이 아닌, 비단 블란서혁명을 통해서만 세계로 전파된 그런 완제수출품이 아닌, 인간이라는 존재의 조건에 내재하는 보편적 갈망이다. 따라서 근대적 인간의 내용을 어떻게 규정하든지간에(이견이 분분한 본원적인 철학문제는 고사하고) 근대적 인간에 대한 갈망이 모든 인간의 역사에 내재한다는 보편사적 전제를 도외시하고 인간세를 논할 수는 없는 것이다. 따라서 조선조사회도 일단 사람이 살았던 사회며, 그 사람들은 보편적 사람들이며, 또 그들을 규제하고 있던 사회제도의 존재조건이 어떠한 것이었는지를 불문하고 그 사람들도 어떠한 "인간다워지려는" 갈망과 향수를 우리와 똑같이 지닐 수 있는 사람들이라는 매우 소박한 전제를 가지고 그들에게 감입(感入, empathy)해야 할 필요가 있다. 따라서 조선역사의 근대성은 조선역사의 내재적 근대성의 맥락을 우선 있는 그대로 그려내는 것을 그 일차적 작업으로 해야 할 것이다. 그렇다면 "실학"이라는 서구라파식(서구라파적이 아닌 것이라도 좋다) 근대성 모델이 과거사에 대하여 설정될 때 그 진리치의 결정(the determination of the truth value)은 바로 실학이라는 근대성 모델이 얼마나 조선사에 내재하는 근대성 모델과 정합(coherence)할 수 있느냐

하는 그 함수에 따라 이루어지는 것이다. 만약 실학이라는 근대성 모델이 그 조선사에 내재하는 근대성 모델의 근사치(완벽한 상응이란 영원히 불가능하다)를 그려낼 수 없는 형태로 이미 세팅된 것이라면 우리는 실학이라는 근대성 모델의 재해석(reinterpretation)의 여지를 발견할 수 없게 된다. 이렇게 되면 그 모델은 불가불 파기되지 않을 수 없다. 근원적으로 잘못된 설계도를 가지고 아무리 자꾸 뜯어고쳐가면서 집을 지으려고 한들 그 집이 원하는 대로 지어질 리 만무한 것이며, 이런 경우는 대부분 그 설계도를 파기해 버리는 것이 상책이다. 고물짜 누더기옷을 백 벌 갈아입은들 마음에 드는 새옷 한 벌 맞춰입는 것이 훨씬 더 근원적인 해결책이 될 수도 있는 것이다. 나는 현금 "실학"이라는 개념이 근원적으로 잘못된 것이며 이것에 대하여 재해석을 가하는 것은 그것을 파기하느니만 못하다는 생각을 가지고 있다. 아무리 꿰맞추려고 해도 그것이 들어맞지 않을 때 제일 좋은 방책은 그것을 버리는 것이다. 그것을 파기하는 것이다. 그것을 폭파시켜 버리는 것이다. 이것은 실존적 선택의 문제일 뿐이다. 구(舊)비젼에 지조를 지키느냐? 새 비젼을 창조하느냐? 이것은 자기능력과 느낌의 성향에 따라 선택할 문제다. 죽느냐 사느냐 그것이 문제로다!

둘째, 상기의 충고에서 가장 중요한 문제는 "실학"이라는 명사가 외래적 개념이 아니라 조선유학사(사상사) 문헌에 내재하는 개념이므로 그 내재적 연속성(intrinsic continuity)이 있다는 지적이다. 이것은 "실학"이라는 개념을 만들어 갔던 선구자들이 가장 많이 활용했던 논리의 위장이며 근거였다. "실학"은 "이조학자(李朝學者)들에게 공통되었던 통념(通念)"(한우근 등)이라는 것이다. 즉 "실학"이라는 개념이 1930년대에 이르러서 날조된 것이 아니라 그 전에 엄연히 존재하고 있었던, 문헌상의 증거를 갖는 통념으로서 조선사상사의 내재적 맥락에서도 규합개념으로서의 자격을 지니는 존재론적 디프 스트럭쳐라는 것이다.

 여기서 독자들이 확연히 깨달아야 할 것은 현대적 통사의 히스토리오그라피의 벼리로서의 "실학"이라는 현대어 개념과 과거 조선유학자들의 문집이나 잡저(雜著)에 보이는 "실학"이라는 개념은 전혀 다른 차원의 단절된 두 개의 사태라는 것이다. 이 양자를 단순히 자형(字形)의 동일성 때문에 동일한 것으로 혼동하는 것은 문자의 동일성 때문에 번역상의 동시성(同時性)을 파괴하는 엄중한 오류에 속하는 일이다.[14]

---

14) 이러한 해석학의 문제는 내가 이미 『東洋學 어떻게 할 것인가』(서울: 통나무, 1986) 198~204쪽에서 충분히 논파한 것이다.

현대적 히스토리오그라피의 개념으로서의 "실학"은 고유명사인데 반하여, 유생문헌 속의 "실학"은 일반명사일 뿐이다. "실학"이라는 문자조합을 고유명사로서 모든 인식의 주체적 규합개념으로서 사용한 용례는 조선조 모든 문헌에 단 한 사례도 없다. 히스토리오그라피의 "실학"은 전체적이고 통합적인데 반하여 유생문헌 속의 "실학"은 개별적이고 우발적인 것일 뿐이다. 그리고 실학연구자들이 침소봉대하듯이 "실학"이라는 용례 그 자체도 그리 많이 나오는 것도 아니며, 또 주요한 위치를 차지하는 것도 아니다. 예를 들면 주희(朱熹)가 『중용장구中庸章句』 앞머리에서 한 말도 "『중용』이란 책은 잘 읽어보면 흥미진진하다. 그것은 모두 실제 배움(實學)이기 때문이다" 정도의 그냥 지나치는 우스개소리에 불과한 것이다. 어찌 그 따위 문구 한둘이 주자학의 전체를 규정하는 규합개념으로서 부상될 수 있는 것인가?

한자언어의 내재적 개념의 토폴로지로서 가장 흔한 양상 범주(兩相範疇)[15]로서 이미 선진제경적(先秦諸經籍)에 보편

---

[15] 내가 『老子哲學 이것이다』에서 제창한 철학개념으로서, 인간의 二價的 사유의 근원적 특성을 표상하는 두 개의 對比的 개념. 兩者의 관계는 논리성뿐만 아니라 현상성을 포괄하며, 그 관계는 兩자 간에 콘트라스트를 이루면서도 서로를 부정하는 모순관계가 아닌

화되어 있는, 특히 도가(道家)・병가계열(兵家系列)의 문헌에 주된 벼리로서 등장하는 개념으로서 "허"(虛)와 "실"(實)이라는 문자를 우리는 너무도 잘 알고 있다. 어찌 보건, 『노자老子』『장자莊子』『손자孫子』와 같은 방대한 서물이 이 두 양상범주의 운용에 의하여 이루어진 사상체계라 하여도 과언이 아닐 정도로 주된 개념임을 우리는 너무도 잘 알고 있다. 즉 한자문화권에서 한자라는 언어표현방식을 빌어 의미를 전달하는 자들에겐 허(虛)와 실(實)이란 단지 기초적 어휘에 불과한 것이다. 다시 말해서 조선조 유학자들의 문헌에 나오는 "무실"(務實) "실심"(實心) "실공"(實功) "실덕"(實德) "실학"(實學) "실사"(實事) "실행"(實行) "실용"(實用) 등등의 언사들은 모두 기초 어휘에 속하는 일반명사의 의미맥락에서 분배되는 우발적 사태, 또 특별한 의미부여를 불허하는 주변적 사태에 불과한 것이다. 다시 말해서 "실"(實)이라는 글자가 있는 곳에 "실학"이라는 히스토리오그라피적 개념의 스트럭쳐가 드러나는 것이 전혀 아닌데도 불구하고 그 사태를 침소봉대적으로 해석해낸 오류에 불과한 것이다. 이것은 단지 한문으로 쓰여진 문헌을 구조적으로 분해할 능력

相보적 관계를 이루는 것이 특징이다.

을 갖추지 못한 천박지사들이 오로지 실(實)자 한 글자의 색인(콩코단스)을 뒤져 그 문맥을 엮어 논문의 꼴을 그럴싸하게 꾸며대는 그러한 비천한 잡기의 소산일 뿐이다. 어찌 경계하지 않을 수 있겠는가? 전문가임을 자부할진대는 반드시 한 책이라도 그 전체를 완독하여 그 대의를 파악해야 할 것이요, 그러한 능력이 부재할 시에는 부분만을 단장취의(斷章取義)하여 억지학설을 꾸며대는 위선만은 삼가야 할 것이다. 이제 우리 학계도 그만큼은 진실해질 수 있고, 그만큼은 성숙하질 않았는가?

그러나 상기의 권고에 대한 나의 "동시성 파괴"의 지적에도 불구하고 다음과 같은 의문이 남는다. 만약 조선조 유생의 어떤 동아리가 그래도 실(實)자를 많이 썼고 그래도 실(實)이라는 일반명사를 통해서라도 무엇인가 자기들의 생각을 일관되게 표현하려고 했다면 그것을 진실하게 알아보려고 노력해야 할 것이요, 또 그 생각에 깔려있는 의식의 흐름이야말로 곧 "실학"이라는 히스토리오그라피적 개념을 구성하는 가장 원초적이고 정확한 체계를 반영할 수도 있지 아니 한가?

제7장 실학의 실성(實性)의 세 반전과 그 파기

그러나 이러한 반문에도 불구하고 나의 지식이 허용하는 범위 내에서 판단컨대, 실(實)자가 나오는 문장맥락의 의미분석을 통한 실학의 재구성이란 전혀 가당치 않은 것이다. 대부분 그것은 생각의 편린이며 또 대부분 맥락적으로 국부적인 것(contextually insignificant)일 뿐이다. 따라서 실학의 "실(實)"성(性)의 전통문헌적 의미를 귀납해내는 작업도 결국은 "실학"이라는 근대적 히스토리오그라피 개념의 전체적 의미구조를 총체적으로 조감하는 작업과 아울러 구조적으로 진행할 수밖에 없다. 여기에 실학의 실성(實性)의 "세 모우멘트의 반전"(Three Conversions of Practicality)이라는 나의 보편사론적 입론에 귀를 기울여볼 필요가 있는 것이다.

실학의 실성(實性)은 아주 소박하게 그 원초적 의미구조를 따지자면 "허(虛)한 것"에 대하여 "실(實)한 것"을 의미하는 것이다. 그러나 고전경적(古典經籍)에 있어서, 특히 노장(老莊)계열의 문헌의 가치관에 입각하여 말하자면 "허(虛)한 것"이 가치관에 있어 우위를 차지하는 것이며 "실(實)한 것" "만(滿)한 것"은 가능성(potentiality)의 종료를 의미하는 것으로 매우 불미스러운 것이다. 즉 허(虛)한 것이 가장 좋은 것이요 실(實)한 것은 나쁜 것이다. 그런데 한·중·일 동양삼국(한자문화권)에 있어서 근대성의 추구가 허(虛)한 것에 대하여 실(實)한 것의 우위로 그 역사적 반전을 시도한 것은 결코 우연한 사태가 아니며 그것은 보편사의 총체적 기류의 반전으로서 이해하여야 하는 것이다.

그런데 이때 도가철학에서 말하는 허실과, 소위 실학에서 말하는 허실은 그 의미맥락이 다르다. 도가에서의 허실은 영명(靈明)한 기(氣)의 생명적 가능성을 기준으로 말한 것으로 허(虛)는 허령한 기의 유연성이며 실(實)은 기(氣)의 고정성(固定性), 만실성(滿實性)을 말한 것이며 기철학적(氣哲學的) 공간성(空間性)의 인식과 밀접한 관계를 맺고 있다. 허나 소위 "실학"에서 말하는 허실의 맥락은 그러한 기철학적 공간성을 말하기보다는 기(氣)의 인식론적 실증성(實證性), 실용성(實用性)에 관한 것이다. 즉 허(虛)한 것은 형이상학적인 것 즉 형(形)을 초월하는 것이며 실(實)한 것은 형이하학적인 것 즉 형(形)에 내재하는 것, 형(形)으로 구상화되는 것이다.

 실학이 말하고자 하는 실성(實性)은 이런 의미에서 포괄적으로 논하면 기본적으로 두 속성을 갖는다. 그 하나는 실증성(實證性)이며 또 하나는 합리성(合理性)이다. 여기서 말하는 실증성은 헤겔반동으로서 이해될 수 있는 포지티비즘(Positivism)을 의미하는 것이 아니며,16) 합리성 또한 중세형 이상학(토미즘)에 대한 반동으로 태어난 데카르트적 이성주의(Cartesian Rationalism)를 말하는 것이 아니다. 여기서 말하는 실증성과 합리성은 서구라파 철학이 지칭하는 특정한 형태의 주의가 아니라 문자 그대로 인간에게서 본질적으로 요구되는 성향이다. 실증성이란 증험성(證驗性)이며 혜강의 말을 빌리면 경험성(經驗性)이다. 다시 말해서 인간의 감관(感官)을 통하여 증험(證驗)을 거친 것이 보다 확실한 진리기준이 될 수 있다는 매우 소박한 요구며, 이러한 경험성은 고대

---

16) 오귀스트 꽁트(Auguste Comte, 1798~1857)의 실증주의가 중국의 사상가들 그리고 일본의 幕末의 소위 실학경향의 사상가들에게 막중한 영향을 미친 것은 사실이다. "哲學"이라는 명사를 최초로 창안한 니시 아마네(西周, 1829~97)가 그러했고, 니시와 같이 네덜란드에 유학한 明治初頭의 계몽사상가 쯔다 마미찌(津田眞道, 1829~1903)가 그러했다.

로부터 인간세에 존속한 하나의 성향이며 태도다. 즉 이러한 경험성의 요구는 실성(實性)의 출발을 이루게 된다. 그러나 이러한 실증성은 아직 네가티브한 단계의 원초적 요구며 이것은 보다 포지티브한 리(理)에 의하여 세계를 포괄적으로 설명하려는 합리(合理)의 단계로 성숙하게 된다. 합리(合理)란 리(理)에 합(合)하는 법칙성(질서)에 대한 요구며, 이 합리는 항상 허(虛)한 것에서 보다 실(實)한 것에로의 단계를 거쳐 발전한다. 합리는 형이상학적인데서 보다 형이하학적인데로, 무형(無形)의 리에서 유형(有形)의 리로, 추상적인 데서 구체적인 데로, 복잡한 데서 단순한 데로 발전한다는 데 근대적 인간의 특성이 있다고도 할 것이다.

이러한 속성을 가지는 실성(實性)은 역사적으로 다음의 세 가지 단계를 거치면서 반전의 모우멘트를 만들어 나갔는데 이것은 모두 내가 말하는 삼대해석학적기원설(三大解釋學的紀元說, Three Hermeneutical Epochs)[17]의 제이기원(第二紀元) 속에서 일어난 것이다.

제1의 반전(The First Conversion)의 계기는 주자학의 등장과

---

17) 『白頭山神曲・氣哲學의 構造』(서울: 통나무, 1990), 제19조, 120쪽.

더불어 형성된 것이며 그것은 "공허"(空虛)의 반전이다. 우리는 일상용어에서 공허라든가 허공이라는 말을 여러 의미맥락 속에서 무의식적으로 사용하고 있는데 실상 우리의 일상언어는 모두 전문술어의 보편화(물론 그 역방향도 상정할 수 있다) 과정에서 생겨난 것이며, 이때 공(空)은 기본적으로 불가(佛家)의 중심개념이며 허(虛)는 도가의 중심개념이다. 다시 말해서 주자학의 등장은 불교의 공적(空寂)한 본체관(本體觀)이나 도가(道家)의 유허(柔虛)한 도덕관(道德觀)을 모두 종교적 "허"(虛)로 간주하고 그러한 허(虛)에 대하여, 이 세계(This-worldliness)의 윤리의 이칙(彝則)을 가장 리얼한 것으로 간주하는 "실"(實)의 세계로의 반전을 의미하는 것이며, 이러한 반전은 형이상학적 본체관·우주관에 대한 형이하학적 인륜관·사회관의 우위를 말하는 것이며 외래적(exogenous) 피안에 대한 주체적(endogenous) 차안(此岸)으로의 반전을 의미하는 것이다. 이것은 인류보편사의 총체적 기류와 동일한 보조를 맞추어 진행된 것으로 중세의 실념논쟁(實念論爭, Universalienstreit)이 유명론(唯名論, Nominalism)에 의하여 결착이 난 것과 동일한 시대정신을 표방한 것이다(보편논쟁은 11세기~14세기에 걸침). 다시 말해서 실재(reality)를 과연 어디에 설정해야 하느냐 하는 문제와 관련하여, 중세의 실념론자(實念論者)들이 "허"(虛)한 보편자야말로 실재하는 것(universalia ante rem)이라고 보는 관점과는 대조적으로 근대적 유명론자(唯名論者)들이 그러한 허(虛)한 보편자는 오로지 이름(nomina)에 불과한 것일 뿐이라고 하여 (universalia post rem) 새로운 개체적 경험적 "실"(實)을 추구한 것과 동일한 시대정신인 것이다. 즉 주자학의 실성(實性)은 바로 이러한 중세적 리얼리즘을 근대적 리얼리즘으로 전환시킴으로서 인륜세계질서의 주체적(중화 내셔날리즘의 측면을 포함해서) 회복을 꾀했다는 데 그 반전의 최초의 성격이 드러나는 것이다.18) 그러나 주자학의 최초의 실학적 성격은 이렇게 외래적 불교의 공적(空寂)한 메타피직, 즉 시간성을 초월한 열반의 본체계를 일종의 도피주의(escapism)로 간주하고 그에 대하

---

18) 이러한 立論은 기실 나로부터 시작된 것이 아니라 금세기 실학연구의 거봉이라 할 수 있는 미나모토 료오엔(源了圓, 1920~) 선생의 통찰을 빌린 것이다. 미나모토 료오엔 선생은 동·서철학에 넓고 깊은 식견을 가지고 계신 분으로서 필자와도 깊은 교분이 있으며 한국에도 수차 왕래하였다. 온화한 성품의 소유자로서 타인의 생각에 귀를 기울일 줄 아는 지적 정직성으로 일관하는 그의 인품에 나는 고개를 숙인다. 그러나 미나모토 선생의 흠이 있다면 많은 생각을 넓게 수용하여 정리하는 데 주력할 뿐 강력한 自說의 일관성이 부족하다. 일본사상계에 있어서의 그의 위치도 바로 그러한 성품과 성향으로 결정되고 있다. 최근 그의 實學觀을 포괄적으로 정리한 포켓북이 나왔는데 실학연구에 뜻있는 사람들의 一讀을 권고한다. 源了圓, 『實學思想の系譜』(講談社學術文庫 739, 1986). 그리고 상기의 立論은 22~23쪽에 있다.

여 우리가 사는 바로 이 인간세(人間世), 이 윤리로 얽혀있는 이 세계의 진실성을 주체적으로 확보하려는 진취적 세계관에서 출발하고 있는 것임에도 불구하고, 모든 사상의 잉태와 사멸의 주기가 그러하듯이, 그러한 진취적이고 래디칼한 성격은 기존체제의 권위(authority)를 확보함으로써 다시 보수화 되고 다시 공적화(空寂化)되는 아이러니칼한 도정(道程)을 밟는다. 안티테제는 반드시 테제의 일측면(一側面)을 의식하거나 수용한다. 주자학은 불교의 메타피직을 비판하면서도 그 메타피직에 물들은 당대의 인텔리겐챠를 설득하기 위한 방편으로 불교의 메타피직에서 "리"(理)를 수용하였고, 이러한 무작위(無作爲)의 리(理)의 이념성(理念性)은 곧 그의 윤리(倫=인간세의 理)의 절대성을 정당화하기 위한 방편으로 쓰였다. 다시 말해서 이기(理氣)의 리(理)와 윤리(倫理)의 결합은 또 다시 윤리적 메타피직을 성립시켰고, 그 메타피직은 또 다시 극복되어야 할 과제를 남긴다. 리(理)의 이념성이 곧 "존천리거인욕"(存天理去人欲)이라는 도덕적 리고리즘(moral rigorism)으로 집결되었기 때문이다. 바로 이러한 리(理)의 도덕적 리고리즘을 극복하는 테제에서 바로 제2의 실성적(實性的) 반전(The Second Conversion)이 등장하게 되는 것이다.

제2의 실성적(實性的) 반전은, 곧 제1의 실성적(實性的) 반전을 다시 반전시키는 작업이었으며, 최초의 종교적 실재관(religious realism)이 세속적 실재관(secular realism)으로 반전되는 그 반전의 실성적(實性的) 성격이 다시 허성화(虛性化)되는 위험성에 대한 반발이다. 주자학의 모랄리즘은 결국 리(理)·기(氣)의 관념적 범주의 개념적 조작 속에서만 굴러가고 그 윤리의 실성적 근거를 완전히 상실해가는 안타까움에 대한 실성적 반발, 이 반발은 곧 중국에서는 한(漢)왕조의 멸망(明·淸의 轉換)을 전후로 하여, 조선에서는 토요토미 히데요시의 조선침략(壬亂)을 전후로 하여, 일본에서는 전국(戰國)을 거치고 에도막부(江戶幕府)의 성립과 함께, 그리고 서양에서는 불란서혁명을 앞둔 계몽주의의 제요소, 즉 이성과 감성의 주체로서의 인간의 재발견이라는 사태를 계기로 강력한 모우멘텀을 얻어가기 시작했던 것이다.19)

이 제2의 실성적 반전은 결국 엘리트의 관념적 논쟁에서 벗

---

19) 서양의 계몽주의와 주자학의 합리주의가 직접적인 관계를 가지고 있다는 것은 최근 라이프니츠철학 형성과정에 대한 연구나 선교사 교류왕래사의 연구를 통하여 충분히 밝혀진 것이다. 나의 『東洋學 어떻게 할 것인가』(서울: 통나무, 1986), 174~191쪽 참고.

어나 민중(보다 더 많은 사람)의 삶에 보다 실증적이고 보다 유용한 실용적 학문을 확보하자는 반전이다. 이때 실용성의 가장 중요한 기준이 되는 것은 서양의 공리주의(utilitarianism)가 표방했던 이념체계의 근원적 정서와 유사한 것이며 이것은 모두 근대적 인간형성의 줄기찬 노력의 소산이다. 이것은 보다 많은 사람의 복지(social welfare)를 선으로 지향하는 엘리트의 자각현상으로서 전 인류에게 공통된 시대정신이었다. 제1의 반전을 우리가 실재성(實在性, reality)의 반전이었다고 하면, 제2의 반전은 그 실재성에 구체적 실용성(practicality)을[20] 부여하는 실성(實性=近代性)의 작업이었다고 말할 수 있을 것이다.

그러나 제1, 제2의 반전이 모두 명료한 한계를 가지고 있다. 그것은 모두 엘리티즘의 소산이며, 대중성의 확보가 대중이 주체가 되는 그러한 사회적 단계로의 성숙이 이루어지지 않았다. 또 제1, 제2의 반전은 모두 인류도덕의 모랄리즘의 틀 속에서 이루어진 것이라는 것이다. 이 모랄리즘은 결국 동아세아 역사의 구체적 맥락 속에서는 크게 보아 "경학"(經

---

[20] 내가 사용하는 "practicality"란 단어는 서양의 'pragma"나 "utility"보다 훨씬 포괄적인 기철학적 개념이다.

學)의 울타리, 즉 "성학"(聖學)의 울타리를 벗어나지 않는다. 가장 래디칼하다고 할 수 있는 소라이(徂徠)의 성인작제관 (聖人作制觀) 조차도 "성경"(聖經) 즉 성인의 제작근거로서의 경전(구체적으로는 六經)의 해석에 관한 것이었다. 다시 말해서 코가쿠(古學)의 고성(古性)도 결국 경학(經學) 속에 포괄되는 것이다. 이러한 경학으로부터의 근원적 탈피를 표방하는 제3의 반전이 또 다시 요청되기에 이른 것이다.

제3의 반전(The Third Conversion)에는 역사적으로 서세동점(西勢東漸)이라는 이질적 요소의 유입이 개재되고 있다. 즉 제1의 반전에 이미 인도문명이라는 이질성의 도전과 자극이 바탕에 깔려 있었다면 제3의 반전에는 서구라파 자연과학적 세계관의 도전, 즉 뉴톤 고전역학적 인식방법에 의한 새로운 세계구성(이때의 세계는 "가치집합체"이다)이라는 테마가 개재되어 있는 것이다. 이러한 경학으로부터의 근원적 탈피는 바로 성학(聖學)의 부정이며, 이 성학의 부정은 일차적으로 "윤리"(the laws of human world)를 "물리"(the laws of physical world)로 전환시키는 데서 가능하여진다. 마루야마 마사오(丸山眞男)가 후쿠자와 유키치(福澤諭吉, 1835~1901)라는 메이지(明治)시대의 계몽사상가를 조감하는 핵심에는 바로 이러한 윤리로부터 물리에로의 전환이라는 테제가 관철되어 있다. 내가 지금 읽고 있는 최한기의 『기학』도 기본적으로는 이러한 제3의 반전의 축 속에서 일어난 사건이며, 그 사상내용은 바로 이러한 윤리로부터 물리에로의 전회(轉回)에 관한 것이다.21)

이 윤리로부터 물리에로의 회전이라는 축(軸)의 전환은 근대화라는 합목적적 합리성(*Zweckrationalität*)22)을 달성하기 위하여 다의적 측면을 가지는데 이 다의적 측면은 "단절"과 "연속"이라는 앰비밸런스(ambivalence)를 노정시킨다. 여기서 말하는 "연속"이란 제1・제2・제3의 반전이 모두 제2 해석학적기원 속에 포괄된다는 사실, 즉 모든 반전의 실성이 그 바탕을 이루고 있는 인식론적 구조에 있어서 주자학적 세계관을 일탈하지 않는다는 사실23)과 관련되는 것이다.

---

21) 이 第三의 反轉에 관한 것은 그것 나름대로 독립된 논문으로 방대하게 서술되지 않으면 아니 되는 주제이므로 여기서 함부로 전개하지 않겠다. 이 주제는 내가 앞으로 최한기사상을 서술해 나가는 과정에서 순차적으로 풀려날 것이다. 그 축의 전모가 구상화되는 데는 긴 시간을 요구할 것이다.
22) "목적합리성"이라고도 번역되며, 원래 막스 베버(Max Weber, 1864~1920)가 창안한 개념이지만, 나의 하바드대학 은사 벤자민 슈왈쯔(Benjamin I. Schwartz)가 근대화를 이론적으로 설명하기 위한 도식으로 발전시켜 사계에서 많이 인용되고 있다.
23) 여기서 말하는 "주자학적 세계관"이란 "왕정"을 지원하는 어떤

그러나 여기서 말하는 "단절"이란 윤리로부터 물리에로의 회전이 고전적 주자학의 제 요소와는 연속될 수 없는 매우 엄연한 단절적 홍구(鴻溝) 저켠에 외립(巍立)하고 있다는 사실을 동시에 말하는 것이다. 이 앰비밸런스는 반드시 동시적으로 조감되어야 하는 것임에도 불구하고, 일본학자들은 이 반전에 있어서 연속적 측면을 보지 않았고, 조선(한국)의 학자들은 그 단절적 측면을 보지 못했다.24)

그런데 지금 "실학운동"이니, "실학파"니, "실학사상"이니 하고 날조된 픽션으로 동아시아 유학사를 몽땅 뒤엎으려고 하는, 인식론적 반성이 결여된 학자들은, "실학"이라는 개념 속에 내가 말하는 실성의 삼대반전(三大反轉)의 계기를 모두 포괄하여 그 개념을 설정하고 체계화하고 있는 것이 현금의 정황이다. 이렇게 되면 "실학"은 그야말로 넌센스 실라블(non-sense syllable)이 되고 만다. 다시 말해서 "실학"이란 전부며 아무 것도 아닌 것이 되는 것이다. 이퇴계도 실학이며,

---

    사회·정치철학적 이념구조를 지칭하는 것이 아니라 그 사유방법에만 한정하는 순수한 인식론적 개념이므로 혼동치 말 것이다.
24) 이것은 물론 대강의 경향성을 말한 것이며 예외는 얼마든지 허용된다. 그러나 일본사상사의 관심과 한국사상사의 관심이 이렇게 크게 大別되고 있다는 사실은 많은 문제점과 시사를 던져준다.

이율곡도 실학이며, 반계도 실학이며, 성호도 실학이며, 박지원도 실학이며, 박제가도 실학이며, 다산도 실학이며, 혜강도 실학이다. 두루두루 통통, 인맥, 지맥, 학맥, 그리고 한·중·일 통통 다 털어서 다 실학이다. 이 따위 실학사를 쓰려면 철학사 하면 될 것이요, 좀 겸연쩍으면 유학사라 하면 될 것이다. 즉 실학을 실학답게 만드는 사상구조의 특성이 전혀 드러날 수 없는 매우 유해한 덮어씌우기로서 모든 사상을 위장하고, 그 위장 속에 근대성이라는 수입된 픽션의 알맹이를 집어쳐넣고 있는 것이다.

문제는 실학이라는 개념의 포괄성이 빚어내는 논란성이 아니라, 그러한 포괄적 개념이 실체화(존재화)됨으로써 그 실체의 우산 아래 모든 사상가를 하나의 도식 속에 도매금으로 무차별하게 묶어버리는 오류, 혹 차별을 인정한다 할지라도 그 다양한 갈래의 특성을 있는 그대로 보지 못하고 그 갈래의 다양한 특성을 억지기준에 꿰어맞추지 않으면 안되는 곤혹감에 우러나오는 구역질나는 언변들이 실학연구의 모든 원고지를 메우고 있는 작태가 한심스럽다는 것이다.

실학이라는 개념을 이왕 포괄적인 것으로 설정할 바에야 그 포괄성은 아예 "철학"이나 "유학"이나 "사상"처럼 지극히

중성적인 개방적 개념에서 우러나오는 것이 훨씬 더 유용한 것이다. 이미 "실학"이라는 개념은 서양 콤플렉스에서 우러나온 왜곡된 색깔을 역사적으로 축적해왔으며, 그 이면에는 "실학"이라는 개념 속에 동아시아 근대사상을 무분별하게 통합시키려는 모종의 음모25)에 비주체적으로 휘말려드는 위험성이 도사리고 있다는 사실 또한 간과할 수 없는 문제인 것이다. 누가 먼저 이니시어티브를 잡느냐에 대한 헤게모니 쟁탈이라는 유치한 논리를 펴는 것은 아니지만, 후학들은 위장된 외래적 개념이 얼마나 나 자신을 올바르게 파악하는 데 장애적 요소로 작용하고 있는가에 대한 깊은 인식론적 반성을 해볼 필요가 있는 것이다. 율곡은 과연 실학자인가? 반계는 과연 실학자인가? 다산은 과연 실학자인가? 혜강은 과연 실학자인가?

조선사상사는 실학이라는 개념이 없이도 얼마든지 새롭게

---

25) 일본학자들이 동아시아를 지배한 제국주의적 학문의 틀의 전형이 바로 이러한 "실학" 따위의 연역적 전제를 가지고 있음은 말할 나위가 없다. 그리고 실학을 고집하는 우리나라의 많은 학자들 중에는 해방 후에 일제에 협력한 가증스러운 인물들이 청산되지 않은 것과도 동일한 보수주의의 맥락에서, 일본 식민사관의 정통성을 무의식적으로 고집하려는 역사적 환경에 젖어있는 자들이 많다.

기술될 수 있는 것이다. 개별적 사상가를 개별적으로 다룰 수도 있고, 지맥에 따라, 인맥에 따라, 학통에 따라, 그리고 사상적 유형의 특성에 따라 얼마든지 그 토폴로지는 새롭게 라인업될 수 있는 것이다. 역사는 무한히 다양한 것이며, 그 다양한 가치들 사이의 우열을 함부로 논해서는 아니되는 것이다. 그리고 진보라는 이념은 19세기 서양사학의 일시적 문제의식일 뿐이다. 그런데 불행하게도 이 "실학"이라는 불행한 한 단어 때문에 남·북한의 학자들이 조선사상사의 거대한 부분을 한 색깔로 도배질하고 있는 가련한 오류가 판을 치고 있는 것이다. 도올은 말한다. 실학이라는 개념은 폭파시켜 버려야 한다! 다시 말해서 **실학이라는 개념 그 자체를 실학화시켜야 하는 것이다.** 그래야만 조선사상사의 실상이 새롭게 드러날 수 있다고 나 도올은 굳게 믿고 있다. 실학이여 안녕!

제8장 실학개념 파기 속에 드러나는 최한기철학의 단절과 연속

 실학이라는 개념의 파기는 최소한 혜강의 사상을 연구하는 데는 매우 소중한 의미를 지니고 있다. 다시 말해서 우리가 여태까지 실학 운운해왔던 어떠한 패러다임과도 단절된 곳에 혜강이 위치하고 있다는 것이다. 이것이 곧 내가 이 글의 모두(冒頭)에서 사승관계의 단절(Discontinuity)이라고 지적한 말의 최종적 의미가 되는 것이다. 나는 이퇴계든지 이율곡이든지 정다산이든지를 불문하고 실학이라는 개념으로 그들을 도색질하는 것을 개의치 않는다. 그들은 어떠한 의미로든지 내가 말하는 실성(實性)의 제1·제2 반전의 축 속에서 용해되는 사상가며, 어디까지나 조선조문명의 강호(江湖) 속에서 헤엄친 물고기들이다.26) 다시 말해서 자기들이 헤엄

---

26) 『莊子』「大宗師」에 나오는 "魚相忘乎江湖, 人相忘乎道術"이라는 말을 연상해도 좋을 것이다.

치고 있는 강호 밖에 서서 그 강호의 모습을 바라보기까지는 할 수 없었던, 즉 그 강호를 하나의 객화된 실체로서 괄호 속에 집어넣고 볼 수 있는 인식의 근원적 다면성을 확보할 수 없었던 사람들이었기 때문이다. 이퇴계나 정다산의 경우, 자세히 관찰하여 보면 그러한 강호의 객체화가능성에 대한 주체적 인식이 결여된 좁은 사상가들이라고까지는 혹평할 수 없는 대가들이며 또 조선조문명의 모습과 명운을 결정하는 데 전기를 이룩한 사람들이지만 그들은 조선조문명, 혹은 구태여 조선조문명이라는 좁은 울타리를 설정하지 않더라도 그들을 지배하고 있는 보편적 경학의 테두리 밖에다 어떤 인식의 근거를 마련하려는 사유의 방향성을 지니지 않았다. 오로지 주어진 경학적 보편성의 본면(本面)의 심화(퇴계)내지는 회복(다산)에만 매진·천착했을 뿐이며, 그러한 보편성 그 자체를 상대화시키고 그 상대화시킨 밖에 새로운 보편성을 설정하는 그러한 래디칼한 전기는 이룩하지 못했다. 그러나 혜강의 경우, 그가 이룩한 전기는 동서고금을 통하여서도 그 유례가 없는 매우 심오한 교차점을 점유하고 있다. 그는 니체(Friedrich Wihelm Nietzsche, 1844~1900)가 신(*Gott*)은 죽었다고 외침으로서 신으로 집약된 서구문명의 사망을 선고한 것보다도 훨씬 더 근원적인, 그리고 훨씬 더 건강한 논리에 의하여 이미 조선조 문명의 사망을 선고하고 있을 뿐 아니라 그러한 신념에 의하여 사유의 모든 활동을 방향짓고 있다. 그리고 그러한 신념체계를 행동으로서 그의 삶 속에서 실천하였다.27) 니체는 사망 그 자체를 강렬하게 요구하는 부정적인 신념을 표방하고 있지만 혜강은 이미 조선조문명이라

---

27) 혜강의 일생에 관한 자료가 지극히 제안되어 있다는 것은 이미 앞서 말한 바와 같다. 그러나 내가 이 글을 쓰고 있는 짧은 기간 중에 일본에서부터 모교 東京大學 中國哲學科의 선배이며 友人인 오가와 하루히사(小川晴久) 교수와 카노오 요시미쯔(加納喜光) 교수가 성균관대학교 대동문화연구원이 주최한 第4회 국제학회의, "東아시아 三國에서의 實學思想의 展開"(1990. 5. 24~25)에 참석차 왔다가 나를 내방하였고, 나는 이를 계기로 본학술회의 논문에 주목하게 되었다. 5月 25日 제4 세션이 李佑成 교수의 주목할 만한 논문, "惠岡 崔漢綺의 社會的 處地와 서울生活─崔漢綺研究序說의 一端"이 발표되었는데, 논문 그 자체는 소략한 것이지만, 崔漢綺의 새 전기자료가 발굴되었다는 충격적 사실이 보도되고 있다. 寧齋 李建昌의 未發刊 筆寫本인 『明美堂散稿』 第10卷 중에 「惠岡崔公傳」이 실려있는 것이 우연히 발견되었다는 것이다. 李建昌(1852~1898)의 『明美堂集』은 中國 南通에서 발간된 바 있는데 그 『明美堂集』에는 이 「惠岡崔公傳」이 빠져 있다는 것이다. 이 「惠岡崔公傳」은 혜강의 삶에 관하여 우리의 추측을 근거지울 수 있는 소중한 자료를 제공하는 것임에는 분명하다. 心急한 자들은 이우성 선생의 논문, "惠岡 崔漢綺의 社會的 處地와 서울生活"을 일독하여 보면 그 자료의 윤곽을 알 수 있을 것이다. 이우성 교수의 논문은 혜강의 일생이 이미 죽어버린 구질서와 끝까지 타협하지 않고 새롭게 다가오는 새 질서에 대한 신념과 지조로써 일관한 삶이었음을 말해주고 있다.

는 구질서가 끝났으며, 그 끝남은 니체처럼 자기가 살해시켜야만 할 대상으로서의 종언이 아니라 이미 거대한 인류의 새로운 질서가 다가오고 있다는 긍정성 속에서 모든 것을 준비하고 탐구하고 사랑한 사상가였던 것이다. 그러므로 혜강의 모든 학문적 관심은 이미 조선왕조의 유지라든가 구경학적(舊經學的) 세계관이 표방하는 가치관의 보존에 있지 않다. 그러한 것은 전혀 관심의 대상이 아닌 것이다. 이렇게 본다면 조선조의 소위 "실학"이 지향하는 실성(實性)의 연속성 속에서 혜강의 학문·사상을 논구한다는 것이 얼마나 부질없는 짓인가? 하는 것은 쉽게 알아차릴 수 있을 것이다. 이와 관련하여 나는 후학들이 주목해야만 할 불연속의 두 측면을 제시하고자 한다. 첫째는 그의 치학방법(治學方法)에 관한 것이고 둘째는 그의 신분·교우·사승관계와 삶의 자세에 관한 것이다.

제9장 주자학의 치학방법과 경학으로부터의 탈출

 첫째, 그의 치학방법은 그의 저술방식과 내용에서 검토될 수 있는 것으로 그의 미증유의 방대한 저술이 모두 조선의 유생들이 의존한 경학적 치학방법, 즉 중화보편문명의 논리의 골격을 형성하고 있는 육경 혹은 십삼경이라는 문자의 해석체계를 중심으로 하는 치학방법에서 완전히 일탈된 새로운 방안을 취하고 있다는 사실이다. 실성(實性)의 제1 반전인 주자의 실성도 결국 불경(佛經)에 대한 유경(儒經)의 회복이며 리기적(理氣的) 프레임웤에 의한 유경의 재해석이다. 즉 경학이라는 치학방법의 가장 주요한 방안인 주석학(Exegesis, Annotation)의 범위를 전혀 일탈하지 않는다. 그리고 이러한 치학방법은 이미 한유(漢儒)의 훈고학에서 확립된 것이지만 그 형식을 주자가 답습함으로써 주자이후(post-ChuHsi)의 모든 치학방법의 모델을 세웠다. 다시 말해서 신유학(新儒學, Neo-Confucianism)이라고 부를 수 있는 거대한 해석학적 제

2기원의 7세기가 모두 이러한 방법론적 틀에서 그리 크게 벗어나지 않는다. 주자가 이미 인도문명이라는 외래종교문명의 도전에 대하여 중화문명이라는 건강한 내재적 윤리문명의 회복을 절규했을 때, 이미 불경의 발전이 한유(漢儒)의 치경방법(治經方法)에 의하여 결정된 것이었고(『대장경大藏經』의 성립은 기실 한유의 훈고학의 연속이다), 그렇게 본다면 불경에 대한 유경(儒經)의 회복도 불가피한 맥락 속에서만 이루어질 수 있었던 것이다. 또 그 방법론도 그러한 전통에서 일탈할 수 없었던 것이다. 즉 경학으로부터의 탈피는 자기가 회복하려는 중화문명의 단절을 의미하는 자살적 행위에 불과한 것이었기 때문이다. 따라서 주자학의 방법은 철저히 한유(漢儒)의 "고주"(古注)에 대한 송유(宋儒)의 "신주"(新注)운동으로 나타난 것이었고 그 이후의 모든 포스트주시 에피고넨들은 그러한 "신(新)"주(注)운동에 참여함으로서 신유학의 "신(新)"성(性)의 실내용을 구성해갔던 것이다. 뿐만 아니라 그 이후의 모든 안타이주시(anti-ChuHsi) 사상가들도 비록 사상내용에 있어서는 주자학의 논리체계에 반기를 들지언정, 그 반기의 방식이 어디까지나 유교경전에 대한 주석 즉 해석방식의 전환을 의미할 뿐이었으며, 이러한 해석방식의 틀을 고수하는 한에 있어서는 경학의 전통에서 근원적으로 일탈하는 것이 아니었다. 경학의 전통을 고수한다 하는 것은, 곧 경서로 대변되는 중화보편문명의 적통의식(orthodoxy consciousness)에서 일탈하지 않는다는 것을 의미하며, 이러한 적통의식에서 일탈하지 않는다는 것은 그 해석내용의 진취성의 여하를 불문하고 과거의 이데아적 모델로의 회귀라는 복고성을 일탈하는 것이 아니다. 내가 말한 실성(實性)의 제2반전의 최고령을 이루는 다산학(茶山學)의 경우, 그 치학방법이 어디까지나 경학문명(經學文明) 내에서의 적통의식에서 이루어진 경전해석학의 산물이었고, 『여유당전서與猶堂全書』를 일람해보건대 그러한 의식과 방법으로 일관되고 있음을 우리는 쉽게 간파할 수 있다. 다산의 책들을 읽어보면 그의 문학(問學)의 소이(所以)의 가장 두드러진 것이 경서에 대한 신주(新注)의 극복이며 더 나아가서는 한당(漢唐) 고주(古注)의 극복이다. 다시 말해서 조선인인 내가 그 경전의 오리지날한 의미를 밝혀 중국사람들도 못해낸 짓을 해낸다는 고매한 자부심으로 일관했던 것이다. 『사서四書』 『상서尚書』 『역易』 『예禮』 『악樂』 등에 대한 그의 저술에 깔려있는 밑바닥의 정조는 바로 그러한 자부심이다. 나는 그의 저술을 접할 때마다 그 자부심을 생생하게 느낄 수 있었던 것이다. 다산학의 실성(實性)은, 흔히 말하듯, 무슨 경세치용(經世致

用)이나 이용후생(利用厚生)에 그 일차적 주력처(注力處)가 있는 것이 아니다. 그러한 것은 그의 시대정신 속에 용해되는 것이라 한다면, 다산학의 제일의(第一義) 즉 그 근본실의(實義)는 바로 고경해석(古經解釋)에 있어서의 실성적(實性的) 사유의 전환이었던 것이다.

그러나 최한기의 경우는 정황이 완전히 다르다. 최한기는 주자학과의 결별을 선언한다든가, 주자를 의식하면서 주자학의 해석논리와 다른 해석논리를 정립한다든가, 혹은 고경(古經)의 오리지날한 의미의 발굴에 신설(新說)을 제창한다든가, 혹은 경학의 새로운 체계를 수립한다든가 하는 일체의 해석학적 행위(hermeneutical act)가 근본적으로 관심의 대상이 아니다. 다산 형님이 뭐라 말씀하셨든 이퇴계 형님이 뭐라 말씀하셨든 혹은 주자 어른께서 뭐라 말씀하셨든 혹은 공맹(孔孟) 성현께서 뭐라 말아잡쉈든 그 따위 것은 이미 혜강의 문학(問學)의 대상이 아니다. 혜강의 그 한우충동(汗牛充棟)케 하는 그 방대한 저작물(著作物)이 한결같이 경전의 주석이라고 하는 경학의 범주 속에 있지 않다. 우리는 과거의 서물을 대할 때 그 서물의 가치에 있어서 사소하게 보일 수도 있는 측면, 다시 말해서 그 서물의 존재이유를 구성하고 있는 매우 기초적 사실에 대하여 무관심하거나 그 역사적 맥락에 대하여 생동하는 느낌을 감지하지 못할 수가 있다. 혜강의 서물을 처음 펼치는 순간 그것은 이미 하나의 반란이며 일대 혁명으로 나에게 다가왔던 것이다. 다시 말해서 다산(1762~1836)과 혜강(1803~1877)은 비록 거의 동시대의 기(氣)를 먹고 산 사람들이라고 말할 수 있지만(다산이 죽었을 때 혜강이 34세) 이 양자 사이의 단절은 경학(유학)사상사적 단절이 아니라, 문명사적 단절이며, 그 단절을 결정지우고 있는 것은 미셸 푸코의 말을 빌리자면 서로 완전히 다른 두 개의 디스코스(Discourse)에 속한다는 사실인 것이다. 그것은 두 개의 다른 패러다임이며, 두 개의 다른 에피스팀인 것이다.

혜강은 저술의 형식으로서 고전주석이라는 형식을 전혀 취하지 않았다. 그에게 있어서 고전(경서)이란 사유의 기초를 형성하는 보캐블러리(어휘)일 뿐이다. 즉 사유의 수단적 에이비씨에 불과한 것이다. 그럼 그는 어떻게 저술했는가? 그의 방대한 서물이 모두 일정한 테마를 선행시키고 거기서 연역·귀납되는 사유의 편린들을 일정한 체계에 의하여 조합시켜 나간, 오늘 우리가 소위 "논문"이라고 말하는 형식과 동일한 그러한 형식을 취하고 있다. 추(推)와 측(測)이란 인간지식의 인식론적 과정의 두 단계를 의미한다.『추측록推測錄』이란 즉 **추**(推)와 **측**(測)이란 인간인식의 형식과 내용에 관한 테마를 체계적으로 기록(錄)한 것이다. 이『추측록推測錄』은 추(推)와 측(測)의 대상에 따라 대별되며 그 대별이 권수를 결정하고 있다. 처음에 서(序)가 나오고 권일(卷一)에는 총론격인 「추측제강推測提綱」이 나온다. 권이(卷二)가 「추기측리推氣測理」, 권삼(卷三)이 「추정측성推情測性」, 권사(卷四)가 「추동측정推動測靜」, 권오(卷五)가 「추기측인推己測人」, 권육(卷六)이 「추물측사推物測事」로 되어있다. 이 권은 또 다시 조(條)로 세분되는데, 권1에는 83조, 권2에는 59조, 권3에는 23조, 권4에는 30조, 권5에는 71조, 권6에는 95조가 들어 있어 도합 361조로 이루어져 있다. 뿐만 아니라 이 361조로 세분화된 각 조목마다 그 조의 내용을 요약한 제목이 앞에 모두 붙어있다.

"신기"(神氣)란 기철학적 세계관에서 파악한 인체구조상의 인식주체인 동시에 전 우주의 대상을 구성하는 존재론적 기저이다. "통"(通)이란 이 인식주체인 신기가 대상세계와 교류하는 루트(통로)를 말함이다.『신기통神氣通』이란 인간인식주체와 그 주체의 인식통로(방법)에 관한 연구다. 『신기통神氣通』은 「체통體通」「목통目通」「이통耳通」「비통鼻通」「구통口通」「생통生通」「수통手通」「족통足通」「촉통觸通」「주통周通」「변통變通」으로 나뉘어져 있고 또 다시 157조로 세분화되어 있으며 각 조목에는 내용을 알 수 있는 소제목이 붙어있다. 최한기는 이 『추측록推測錄』과 『신기통神氣通』을 합하여 『기측체의氣測體義』라고 불렀는데, 사실 이 『기측체의氣測體義』야말로 우리나라 최초의 인식론적 논술저서이며, 칸트의 『순수이성비판』에 비견할 수 있는 『순수기비판』이며, 『기인식비판氣認識批判』이라고 할 수 있는 것이다. 내가 생각컨대 20세기가 종언을 고하는 오늘날까지도 우리나라에 최한기의 『기측체의氣測體義』에 비견할 수 있는 자기류의 포괄적 인식론 논저는 단 한 권도 존재하지 않는다. 어찌 부끄러움을 느끼지 않을 수 있으리요? 기본적으로 이와 같은 저술형식은 그의 전 저술체계의 골간을 이루는 방법론이다.

이것은 단순한 저술형식의 전변(轉變)이 아니다. 이것은 곧 그의 학문세계가 경학의 범위를 벗어났다는 것이며, 경학의 치학방법에서 일탈했다는 사실은 곧 경학이라는 상징체가 집결하고 있는 문명의 테두리 밖으로 튀쳐나갔다는 의미가 되는 것이다. 다시 말해서 혜강의 저술행위는 하나의 방법론적 연변(演變)을 의미하는 것이 아니다. 그것은 **새로운 문명의 창조**를 위한 도약이며, 그것은 실로 창조자의 **공포**에 속하는 것이다.28)

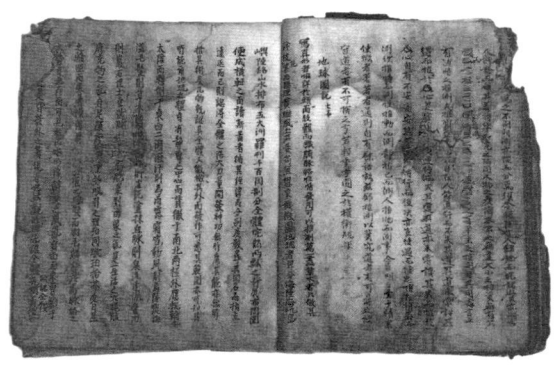

『횡결竑觖』 속의 「지구도설地球圖說」. 혜강은 세계문명이 프진되어 있는 지구를 한눈에 굽어보는 혜안을 가지고 살았다. 그는 세계지도를 그렸고, 김정호의 방역지도작업을 격려했다. 그만큼 그는 세계문명에 대해 개방적 식견을 소유한 코스모폴리탄이었다.

---

28) 새로운 것을 창조한다는 것은 공포스러운 것이다. 그것은 언어와 권력과의 마찰만을 의미하지 않는다. 그것은 인간의식의 무(無)로부터 무에로의 도전이다. 범용한 학인들이 어찌 이런 공포를 느낄 수 있으리요? 최한기의 근원적 도약이 그들의 평범한 틀 속에서 감지되지 않을 것은 당연한 이치일 것이다.

제10장 최한기의 디스코스의 불가공약성

 나의 이 "공포"라는 언어를 이해하기 위하여서는 곧 이러한 저술행위가 그 당시 얼마나 이단적 행위일 수 있는가 하는 것에 대한 인식과 또 이러한 방법론의 전환이 단순히 사유의 전환을 의미하는 것이 아니라 앞서 말한 디스코스의 전환을 의미한다는 것, 즉 근원적인 **언어의 전환**이 있어야한다는 것에 대한 인식이 요청되는 것이다. 다시 말해서 다산의 언어와 혜강의 언어가 완전히 단절적인 두개의 다른 언어가 아닌 이상, 즉 다산과 혜강이 귤동(橘洞) 다산초당(茶山草堂) 동암(東菴)에 마주앉아 백날을 담론한들 서로 얘기가 통하지 않을 정도의 단절이 확보되지 않는 이상, 그 전환은 결코 성공할 수 없을 것이다.

 혜강의 논저는 앞서 말했듯이 고전주해가 아닌 자신의 연역적 테마의 전개라는 것을 말했다. 혜강은 기본적으로 시스템 빌더(system builder)였으며 따라서 그의 저술행위는 체계적인 시스템 빌딩(system building)이었다. 그럼 이러한 시스템 빌딩이 이미 고전경학을 일탈한 것이라면 분명 그것이 아닌 다른 어떤 모델 즉 경학 밖의 레퍼런스의 프레임웤(frame of reference)이 필요하다. 그러나 아무리 이러한 프레임웤이 새로 마련되었다 할지라도 그 시스템 빌딩에 동원되는 언어의 자료가 옛 경학의 어휘를 구성하는 것이라면 그 시스템 빌딩이 성공할리 만무한 것이다. 다시 말해서 혜강의 언어는 경학의 보캐블러리를 일탈한 새로운 보캐블러리가 준비되어 있지 않으면 안된다. 동일한 한자라 할지라도 그 조합이 빚어내는 의미론적 구조가 완전히 다른 프레임 어브 레퍼런스에 의하여 결정되지 않으면 아니 되는 것이다. 그런데 놀라웁게도, 혜강의 언어는 다산의 언어와 정말 다르다. 다산의 언어는 고전에 바탕을 둔 경학의 어휘로 구성되어 있는데 반하여 혜강의 언어는 고전에 바탕을 두지 않은 자기류의 세만틱으로 구성되어 있는 것이다. 혜강의 원저를 읽지 않았고, 또 그 냄새나 분위기를 직접 대비적으로 맡을 수 있는 능력이 없는 사람들에게 이 나의 느낌을 충분히 전달하기란 어렵다. 그러나 혜강의 언어는 기본적으로 당대에 중국에 축적된, 서양학문을 한역(漢譯)하는데서 발생한 우리 현대어와 매우 유사한(그러니까 단음절 어휘가 아니고 다음절 어휘가 대부분이다) 번역술어들이 그 주종을 이루고 있으며 상당부분이 마르틴 하이데가(Martin Heidegger, 1889~1976)가 『존재와 시간』(*Sein und Zeit*)에서 자기류의 어휘를 만드느라고 고생한 것처럼, 순수한 자기어휘를 구성해내고 있다. 그리고 기존의 어휘와 동일한 어휘를 구사할 경우에도 상당 케이스가 그 의미내용은 기존의 것과 다르다. 다산과 혜강의 언어는 그 어휘도 다를 뿐 아니라, 색깔, 냄새, 압운, 분절방식, 그리고 의미구성 스타일, 그 모두가 너무너무 다르다.

다산은 분명히 대가다. 동아시아 유교문명권의 최대거목의 일인이라고 확신을 가지고 말할 수 있다. 그러나 다산은 자기와 당대에 바로 같은 조선땅 안에 자기를 능가하는 또 하나의 다른 언어체계를 가진 대가가 공존하고 있다는 사실은 상상키 어려웠을지도 모른다. 다산이 죽었을 때 혜강은 34세였고 다산이 죽은 해에 바로 혜강의 일생을 운명지운 대저 『기측체의氣測體義』(1836년)가 탄생되었던 것이다. 19세기 전반에 이미 바로 이 조선의 좁은 땅덩어리에 전혀 다른 두개의 언어의 패러다임이 공존하고 있었다는 이 **경이로운 사실**은 과연 우리는 어떻게 설명할 수 있을 것인가? 바로 이 공존의 논리야말로 다산과 혜강이 동질적인 실학이라는 패러다임의 연속성으로 설명될 수 없다는 **실증적 근거**가 되는 것이다. 혜강이 다산의 연속적 계승으로 태어났다면 우선 그 언어의 동질성이 확보되어야 하며, 둘째 양자간에 시간적 추이가 충분해야 한다. 즉 양자를 동일한 패러다임으로 묶기에는 너무 시간이 바튼 것이다. 이것은 혜강의 시대정신의 연속성의 족보가 전혀 다산의 족보와 다른 이질적인 것이라는 사실을 방증하는 것이며 이 수수께끼는 바로 혜강의 삶, 즉 그의 신분·교우·사승관계에서 그 올바른 답을 얻을 수 있다고 나는 생각하는 것이다.

제11장 성인(聖人)이라는 패러다임과 기화(氣化)라는 패러다임

혜강의 삶에 관한 나의 통찰을 논술하기 앞서 과연 혜강의 학문을 구성하고 있는 언어가 경학의 패러다임을 근원적으로 일탈했다는 것은 과연 무엇인가 하는 문제에 관하여 약간 언급해 둘 필요를 느낀다. 나와 같이 혜강의 저서를 개관하고 또 그 사상내용에 대하여 감을 잡고 있는 사람에겐 그런 말이 구체성을 띨 수 있지만 그러한 기회가 주어질 수 없는 일반독자(外行)들에게는 그러한 언급이 도시 오리무중에 가려 몽롱하게 느껴질 뿐일 것이기 때문이다.

유학적 세계관 즉 기존의 전통적 가치관, 즉 동아시아 한자문명권을 2천여 년 지배해온 세계관 속에서는 모든 가치 하이어라키의 궁극적 조종(祖宗)은 "성인"(聖人)이라는 것이었다. 이것은 마치 서구라파 중세기적 가치관에 있어서(오늘도 마찬가지지만) 모든 가치기준의 궁극이 신(God)에게 있는 것과 같다. 선·악의 궁극적 판단자는 신(神)이라는 것이었다. 그런데 마찬가지로 유학적 세계관에 있어서 그러한 가치기준의 궁극적 판단은 성인이 휘어잡고 있었다. 그런데 사실 신이나 성인이나 둘 다 픽션인 것이다. 즉 신이나 성인이나 우리에게 가치혼란이 생겼을 때 그것의 기준이나 해답을 물어볼 수 있는 존재로서 바로 옆에 살고 있는 그런 것이 아니다. 다시 말해서 복희·신농은 옆집의 갑돌이는 아닌 것이다. 그러니 가치의 기준은 신이나 성인이 가지고 있는 것인데, 그놈의 신이나 성인 그 자체가 항상 구름 잡는 것 같이 막막한 것이니, 여기에 인간존재의 파라독스의 모든 측면이 드러난다 해도 과언이 아닐 것이다. 그러기 때문에 그 막막한 구름을 포착하기 위해서 인간은 구조적으로 해석학적 악순환을 되풀이하게 된다. 존재의 가치의 기준이 비록 신이나 성인이라는 픽션이기는 하지만 그 픽션은 또 다시 성경(聖經)이라는 보다 구체적인 근거로서 구상화되고 있다. 그러기 때문에 인간은 그 가치의 기준을 확보하기 위하여 성인(心)의 족적인 성경을 끊임없이 되풀이해서 해석해내는 작업을 감내해야 하는 것이다. 다시 말해서 자기가 설정한 픽션에다 자기픽션의 근거를 되물어야만 하는 **해석학적 악순환**의 역사가 곧 인간문명의 역사였다 해도 과언이 아니다. 다시 말해서 경학의 역사는 나의 존재의 가치기준을 설정하는 근거로서의 육경(십삼경)의 해석의 역사였으며, 육경(六經)은 곧 성인의 진리의 말씀의 족적으로서 그 권위를 지니는 한에 있어서는 시공을 초월한 것이었고 항상 해석의 대상이 되는 오픈 세트였던 것이다.

혜강이 경학을 탈출했다고 하는 것은 혜강의 의식 속에서 "성인"이 바람과 함께 사라졌다는 것을 의미한다. 즉 성인(육경의 주인)이 더 이상 나의 존재의 근원으로서, 나의 존재의 가치기준을 설정해 주는 권위체로서 혜강의 의식 속에 계시지를 않는 것이다. 그렇게 되면 경서(經書)는 더 이상 혜강에게 권위를 지니는 공부의 대상, 즉 그의 삶의 목적이 아니다. 그것은 지나가버린 옛 커리큘럼의 참고서 정도의 미미한 가치밖에는 지니지 못하는 것이다.

그럼 과연 혜강에게 있어서 성인을 대치시킬 만큼 강렬한 새로운 프레임 어브 레퍼런스는 무엇인가? 그것이 바로 "기화지리"(氣化之理)라는 것이며 그것은 곧 "물리"(物理)를 구성하는 것이다. 여기서 우리는 경학의 탈출이 곧 윤리로부터 물리에로의 전회였다는 실성(實性)의 제3 반전의 의미를 되새겨볼 필요가 있다. 윤리로부터 물리에로의 전회야말로 19·20 양 세기 인류보편사의 진행방식의 최대전환이었으며 우리역사도 어김없이 바로 이러한 전회 속에서 "자연과학"이라는 새로운 가치관을 흡수해왔다는 대국적 사실을 새삼 재인할 필요가 있는 것이다.

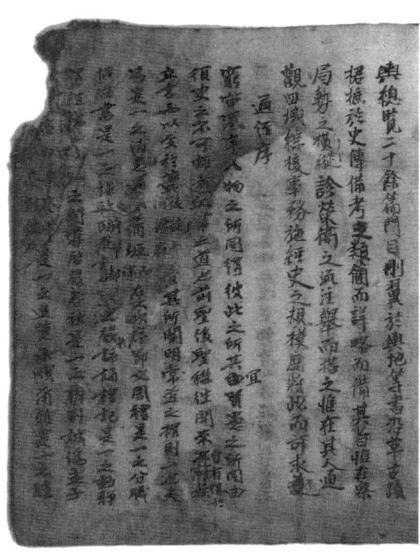

『횡결방촉』의 일부분인 「통경서通經序」. 혜강은 비록 고경(古經)을 레퍼런스로 삼지는 않았지만 오히려 얼마나 경학에 밝은 인물인가 하는 것을 잘 말해주고 있다.

제12장 성경과 천경, 당연과 자연, 윤리와 물리

혜강은 이러한 성인의 가치관의 총체를 "성경"(聖經)이라고 부른다.29) 그리고 이 성경에 대비되는 양상범주로서 "천경"(天經)이라는 개념을 설정한다. 천경(天經)은 곧 물리며 이것은 객관적 물(物)의 세계의 법칙이다. 혜강에 의하면 성경은 궁극적으로 천경에 의하여 근거 지워질 수 있는 것일 뿐이며 그것으로 독립된 근거를 가질 수 없다. 혜강에 있어서는 성인도 역시 기화에 대한 추측지리(推測之理)의 주체일 뿐이며, 성인이란 과거 미개한 역사의 초기에 기화의 법칙에 대하여 약간의 중요한 통찰력을 지녔던 사람들 정도의 역사적 의미밖에는 지니지 못한다. 다시 말해서 성인과 범인의

---

29) 이때의 성경은 물론 예수교(天方學)에서 말하는 바이블의 『성경』은 아니다. "聖經"이란 聖人의 經이며 이 經은 질서며 법칙이며 기준이 되는 벼리며 또 경전이다. 기독교는 바이블을 번역할 때 전통 유학의 개념을 빌어 "聖經"이라 한 것이다.

기준도 기화의 법칙에 대한 올바른 통찰과 지식의 양과 질에 의하여만 결정될 뿐이며 현금의 인간들이 과거의 성인보다 훨씬 더 기화의 법칙에 대하여 훌륭한 식견을 소우한 개명한 성인일 수 있는 것이다. 성경은 오로지 천경을 획득한 자에게 의해서만 체인(體認)될 수 있는 것이다.(有得于天經者, 可以體認聖經。)30)

혜강은 이와 관련하여 또다시 자연(自然)과 당연(當然)의 양상범주를 설정한다. 자연이란 "스스로 그러한 것"이다. 그것은 인위의 조작을 거부하는 객관적인 것이기 때문에 "스스로 그러한 것"이다. 자연이란 곧 천지유행지리(天地流行之理) 즉 운화의 법칙인 것이다. 당연이란 "당연히 그래야 하는 것"이다. 여기에는 이미 인위적 가치관이 개입된 것이며 인간의 인식이 개입된 것이다. 그것은 천지유행지티를 추측(推測)하는 사람의 인식작용 속에서 나오는 것이다. 따라서 당연자(當然者)는 인심추측지리(人心推測之理)이다. 그러나 우리가 표준으로 삼아야 할 것은 어디까지나 자연이디 당연이 아니다. 당연이란 "공부"(功夫)일 뿐이다.(自然者, 天地流行之理也; 當然者, 人心推測之理也。學者, 以自然爲標準, 以當然爲功夫。)31)

---

30) 『推測錄』 6/3a.(卷六, 三張, 前葉의 略號).

여기서 우리는 성경(聖經)은 당연(當然)이며 그것은 곧 작위(作爲)의 총체를 의미하는 것임을 알 수 있다. 천경(天經)은 자연이며 그것은 인위적 조작이나 증감을 불허하는 객관적 기화(氣化)의 법칙이다. 이때 혜강에게서 성경이 천경에, 당연이 자연에 종속된다는 사실은 이미 윤리가 물리로 전화하였다는 사실을 의미하는 것이다.

그렇다면 우리는 또다시 이러한 질문에 봉착하게 된다. 그렇다면 혜강의 탈경학적(脫經學的) 세계관이 지향한 결론이라고 해봐야 기껏 오늘 우리가 알고 있는 물리학의 초보적 지식에 근거한 세계관의 재구성 정도가 될 것이고, 그가 말하는 것은 대강 오늘날의 자연과학적 신념에 기초한 무신론자나 혹은 서구라파 계몽주의 시대의 이신론자(理神論者, Deist)의 가치관을 크게 벗어나는 것이 아닐 것이다. 그렇다면 이제 와서 뭐 그렇게 새로운 것도 없는 혜강사상의 연구에 열을 올려야할 필요가 있는가?

이것은 매우 그럴싸한 질문이고 해답되어야만 하는 중요한 질문이다. 그러나 나는 이러한 질문에 대하여 역사상대론적 답변을 꾀하지 않는다. 즉 지금은 시시하게 보이는 것일

---

31) 『推測錄』 2/35b.(卷二, 三十五張, 後葉의 略號).

지라도 옛날엔 대단한 것이었다든가, 지금은 무가치한 것일 지라도 그 당시 정황의 내재적 맥락 속에서 지니는 역사적 의의(historical significance)는 평가할만한 것이라든가 하는 등등의 구차스러운 변명을 꾀하지 않는다. 나 도올은 과학을 말할 뿐이며 과학사를 말하지 않는다. 나 도올은 새로운 예술을 창조할지언정 골동품을 사랑하지 않는다. 혜강은 분명 오늘 21세기 오늘 이 시점에 반드시 의미 있어야 하는 것이다. 여기, 지금! 그의 의미가 전무하다면 오늘과 같이 정보가 난립하고 풍부한 시대에 구태여 19세기 중엽의 골동품을 만지작거리고 앉아있을 필요는 없을 것이다.

혜강사상연구의 핵심은 바로 패러다임 쉬프트(paradigm shift)에 관한 문제며, 이것은 한 문명의 논리가 타문명의 논리로 전환될 때 발생되는 창조적 상상력(creative imagination)에 관한 문제다. 이 창조적 상상력의 구조 속에는 매우 다른 이질적 논리와 느낌의 축들이 우리의 고정된 상상력의 한계를 넘어 자유롭게 융합(integration)되어 있다. 보다 구체적으로는 혜강이 이해한 "물리"가 과연 우리가 오늘 상식적으로 전제하고 있는 서구라파 자연과학의 물리의 패러다임과 완전히 동일한 것인가? 다른 것인가? 그리고 그러한 동이(同異)를 그는 어떠한 사유와 느낌의 바탕 위에서 프레임했는가? 이러한 질문에 대한 해답은 오늘 우리가 당면하고 있는 많은 현실적 문제에 대하여 새로운 통찰과 미래적 비젼을 제시하기에 충분한 것이다. 이미 그의 물리는 서구라파 물리학이 전제한 물(物, Matter)의 리(理)가 아니라 기리(氣理) 즉 기(氣)의 리(理)였다는 명백한 사실에서 이미 우리는 혜강연구의 새로운 패러다임을 찾아낼 수가 있는 것이다. 나 도올 김용옥의 혜강연구는 바로 이러한 새로운 패러다임의 발견과정이며 또 그것은 나 자신의 기철학연구의 서장적(序章的) 성격을 지니는 것이다.32)

---

32) 불행하게도 지면과 시간의 제약으로 당초 이 논문에서 내가 언급하고자 했던 많은 과제들을 훗날의 숙제로 남겨놓고 이렇게 마감하는 것을 한스럽게 생각한다. 본론에 들어가기 전에 기초적으로 인식되어야할 계몽적 과제들이 너무도 중첩되어 있기 때문에 발생하는 불행이라고 생각한다. 혹자는 이미 혜강에 있어서 "當然의 自然에로의 귀속"이라는 명제가 이미 서구라파 근대 과학적 세계관이 주창하는 當然과 自然의 二元的 분리와는 매우 다른 세계관의 프레임 속에서 발생한 것이며, 또 日本江戶思想史의 문제의식과도 매우 다른 것임을 알아차릴 수 있을지도 모르겠다. 이 논문을 쓰면서 느낀 단상이나 앞으로 혜강 최한기와 일본 明治계 몽사상가 후쿠자와 유키찌(福澤諭吉, 1835~1901)와 비교연구될 가치가 있다고 느낀다. 후쿠자와를 구한말의 유길준과 같은 이들과 비교하는 것은 오히려 발상의 착오임을 알려준다. 그러나 혜강의 틀은 후쿠자와의 개화론적 문명론보다 훨씬 더 코스모폴리

제13장 최한기는 양반이다!

마지막으로 우리는 혜강학문의 단절의 중요한 측면을 살피고 그것에 연속성을 부여하기 위한 작업으로서, 그의 삶속에 숨겨져 있는, 그의 학문적 성향을 결정짓고 있는 제요소를 파헤치는 과제를 남겨놓고 있다.

요즈음 우리는 쌍놈세상에 살고 있다. 프롤레타리아혁명을 지향하는 마당엔 쌍놈이 될수록 더 위대한 것이다. 쌍놈이 될수록 혁명의 주체세력으로서의 적격성을 획득하기 때문에 가치적으로 쌍놈의 모든 것이야말로 더 우위를 차지하는 것이다. 사(士)·농(農)·공(工)·상(商)을 가지고 말한다 할지라도 바로 유교사회의 가장 밑바닥에 있었던 상인이 가장 꼭대기로 전도된 사회가 바로 자본주의사회임에는, 더 말할 나

타니즘의 개방적 성격을 가지고 있다.

위가 없는 것이다. 그야말로 쌍놈일수록 돈 더 잘 벌고 더 존경받는 위치에 올라가는 가치관 속에서 우리는 살고 있는 것이다. 그런데 재미있는 것은 과거 족보를 들칠라 치면 쌍놈일수록 프라이드를 느끼고 쌍놈일수록 쌍놈임을 자랑해야 할 텐데 요상하게도 너나 할 것 없이 모두 양반임만을 자랑하려 하고 너나할 것 없이 양반족보만 내세우면 프라이드가 쎄지는 것이다. 혁명대열에 낄려면 너도나도 쌍놈이 되어야 할 텐데 그 혁명주체 세력조차도 과거족보를 읊어낼 땐 이 세상에 쌍놈은 하나도 없어지는 것이다.

이런 해괴묘묘한 앰비밸런스가 혜강의 불확실한 삶의 정보를 놓고 그것을 조직하는 사람들의 의식체계를 지배해왔던 것 같다. 혜강이 과연 쌍놈이냐? 양반이냐? 이러한 질문은 혜강의 삶의 정보가 제약되어 있을 뿐 아니라, 최근까지도 혜강의 연구가 극히 초보적 수준을 벗어나지 못했다는 데서 온 것이며, 이것은 곧 천 구백 육칠십 년대까지만 하더라도 혜강은 사람들에게 족보도 없이 완전히 잊혀져 있었던 단절의 암흑 속에 갇혀버린 불운한 인물이었다는 사실을 방증하는 것이다.

혜강이 쌍놈이냐 양반이냐 하는 문제는 혜강이 원래 중인 출신이라는 "소문" 때문에 발생한 것이다. 이 소문은 첫째 혜강의 후손들이 서울 중인촌에서 계속 살았다는 소문 때문에 발생한 것이고,33) 둘째는 혜강이 평생을 서울 도성 안에서 산 대유(大儒)임에도 불구하고(그의 고견박식과 다량저술에 미루어 보아), 그의 저술 속에 당대 명유·명인(즉 양반계층)과의 교류의 흔적이 엿보이지 않을 뿐 아니라 그들의 문집이나 잡저(雜著) 속에 일체 혜강(惠岡)이란 거유(巨儒)가 등장하지 않는 것으로 보아 당시의 양반써클에서 도외시된 반외(班外)의 인물임에 틀림이 없고, 그러자니 그의 지식의 엄청남으로 볼 때는 그 교육의 바탕을 중인가문의 어떤 축적된 지혜라도 전제하지 않으면 설명이 될 수 없겠다는 궁여지책의 추측 때문에 발생한 것이다.34) 그런데 양반인 사

---

33) 최한기의 후손이 서울 中人村에서 살았다는 이야기도 나는 아직 확실한 근거를 가진 연구로서 접한 적은 없다. 단지 혜강에 관한 몇 가지 기술에서 그런 소문을 접했을 뿐이다. 정성철, 『실학파의 철학사상과 사회정치적 견해』, 546쪽: "전하는데 의하면 최한기의 후손들도 서울의 중인촌에서 살았으니 최한기 자신의 처지를 미루어 짐작할 수 있다."

34) 이러한 문제는 驪江出版社에서 『明南樓全書』가 발간될 때(1986) 李佑成선생께서 쓰신 「解題」에 상술되어 있으므로 第一册 앞머리에 붙어있는 「解題」중 "惠岡의 家系와 年表"를 볼 것.

람을 양반이 아니라고 말할 수는 없다. 혜강이란 인물이 추구한 삶과 비젼, 그리고 혜강이 산 시대의 문제의식 속에서 볼 때, 그가 양반이기 때문에 위대한 것은 아니다. 그럼에도 불구하고 내가 이 문제를 다루는 이유는 혜강철학의 불연속과 연속을 동시에 설명·통합할 수 있는 결정적 근거가 그의 삶에 내재하기 때문인 것이다.

이 문제에 관한 시비는 오늘날 이미 그의 족보(『文譜』, 『世譜』), 그리고 상술의 전기자료가 드러남으로써 결착난 문제지만 그의 삶에 관한 해석에는 아직 여지가 남는다.

최한기는 소위 "양반"이다. 그러나 이 양반이라는 의미는 그의 족보상으로 이조초기의 명신 최항(崔恒, 1409~1474: 세조연간에 영의정에까지 오른 조선초기 집현전의 대학자. 훈민정음 창제에 참여하였고 그 유명한 『경국대전』도 그의 편찬에 의한 것이다)의 15세 후손이라는 것 이상의 별 의미가 없다. 조선조의 족보의 기록이 비교적 신빙성이 있는 것이라 할지라도 과연 족보상(朔寧崔氏)의 양반이 19세기 중엽의 실존인물 최한기의 삶에 과연 어떤 구체적 의미를 띠고 있는지는 최한기라는 인간의 현실적 처지의 실제적 의미체계의 분석에서만 드러날 수 있는 것이기 때문이다.

  최한기는 양반이다. 다행스럽게도 양반임을 입증하는 족보나 호구단자 등 중요한 문헌들이 발견된 것이다. 그러나 분명 최한기는 크게 권세를 누린 양반은 아니었다. 혜강으로부터 직계 조상 십여 대를 소상(溯上)하여도 단 한 사람의 문과급제자도 없다. 삼대를 통해 문과급제자를 못내는 양반은 실제로 향반으로 몰락해서 몇 대가 흘러흘러 가면 알도 못하는 평범한 문족이 되어버리는 하향사회변동(downward social mobility)을 조선조의 상식으로 전제할 때 이 사실은 매우 중요한 의미를 지닌다. 그의 직계족보 십여 대 동안에 겨우 음감찰(蔭監察)이 한 명, 음군수(蔭郡守)가 한 명, 생원이 한 명이 있을 뿐이며 그리고 그의 양부(養父)가 무근수(武郡守, "蔭"과 "武"는 "文"에 비하여 아주 낮은 계층이라는 것을 상기할 것)였을 정도다.35) 이나마 대대로 계속된 것이 아니고 몇백년 동안에 2·3명밖에 없었다는 이 사실은 혜강의 가문이 정말 "별 볼일 없는 양반"이었음을 의미하는 것이다. 혜강

---

35) 『同上』. 증조부 지숭(之崇, 1710~1765)이 무과에 급제함으로써 최한기가문은 비로소 반열에 속하게 되었다. 최한기의 가계에 관해서는 권오영, 『최한기의 학문과 사상연구』(서울: 집문당, 1999), 25~63쪽을 참고할 것. <개정판 주>

자신도 진사도 아닌 일개 생원의 이름으로만, 벼슬(實職) 길과는 전혀 무관한 75세의 생애를 마쳤다. 만년에 아들 덕에 통정(通政) 첨지(僉知)라는 직함을 얻었을 따름이다.

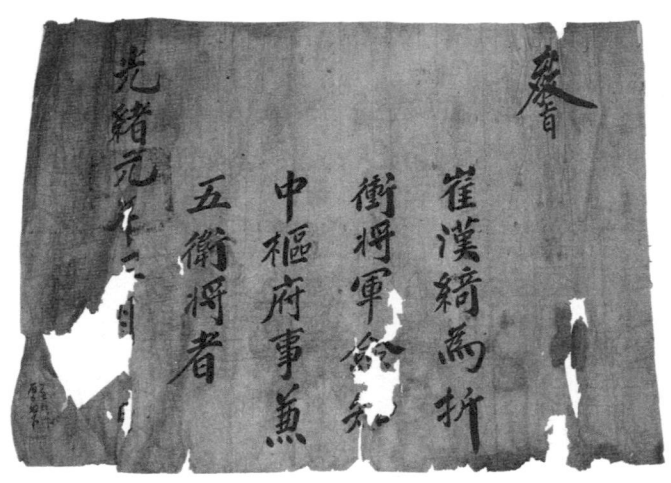

그가 세상을 뜨기 2년 전(1875) 그에게 내려진 교지

제14장 최한기 삶에 내재하는 모순의 사상사적 의의

그러나 우리는 최한기가 정말 별 볼일 없는 궁반한족(窮班寒族)의 별로 드러나지 않은 서생이었다는 사실과 매우 모순되는 몇 가지 사실을 그의 삶 속에서 발견하게 되는데, 이 모순의 해결이야말로 혜강철학의 단절성과 연속성을 설명하는 관건이 된다고 할 것이다.

첫째 혜강은 만년에 성외(城外)로 나가 산 적이 있다고 사료되나 기본적으로 한양 도성 한복판에서 살았고 또 태어나서(출생지는 미상이나 개성으로 추측) 죽을 때까지 결코 서울을 떠난 사람이 아니라는 사실이다. 어찌되었든 궁반한족으로서 서울을 떠나지 않고 버틸 수 있었다는 것은 그의 삶에 안정기반을 부여하는 모종의 코넥션을 상정치 아니하고는 힘든 일이다.

둘째, 그냥 서울 한구석 판자촌에서 엉덩이만 붙이고 산 것이 아니라 원래 상당한 부자였다는 사실이다.(家, 素裕。)36) 이 부자였다는 사실이 곧 그의 학문의 방만성, 그의 학문의 젖줄인 방대한 서물을 사들일 수 있는 여력이 있었다는 것을 증명한다. 당대의 최한기에 관한 기록으로 이규경(李圭景)의 『오주연문장전산고五洲衍文長箋散稿』에 나오는 몇 줄의 언급을 들 수 있지만, 이규경 역시 서족(庶族)계의 한사(寒士, 四檢書로 널리 알려진 李德懋[1741~1793]의 손자)로서 당대 중인의 처지에 있었던 사람이며, 최한기가 희귀한 장서를 많이 소장하고 있다는 사실을 그에 관한 가장 강렬한 인상으로서 적어놓고 있다. 『해국도지海國圖志』도 그에게서 빌려보았다는 것이다. 그리고 「혜강최공전惠岡崔公傳」도 혜강이 책이란 책은 고가를 불문하고 아끼지 않고 사들였으며 다 본 다음에는 헐값으로 팔아버렸기 때문에 나라안의 책 부로커(仲買人)들이 다투어 혜강에게 와서 팔았으며, 북경(北京)서점가의 신간의 책들이 조선땅에 들어오기만 하면 우선 혜강에게 입수(入手,

---

36) 李建昌의 「惠岡崔公傳」에 나오는 한 구절인데 "그 집안이 원래 부자였다"라는 뜻이다. 여태까지 그가 부자라는 설은 그의 책소장 능력, 김정호의 『靑邱圖』의 출판협조 등에 의한 추측과 막연하게 내려오던 口傳에 의한 것이었는데 「崔公傳」으로 실증적 근거를 얻게 되었다. 李佑成의 논문, "惠岡 崔漢綺의 社會的 處地와 서울 生活," 3쪽.

감정)되지 않는 것이 없었다고 전하고 있다.(聞有好書, 不吝厚價, 購之。閱旣久, 則輕價鬻之。以是國中書儈, 爭來求售。燕都坊局新刊之書, 甫東來, 未有不爲惠岡所閱。)37)

셋째, 혜강은 어찌되었든 은사(隱士)가 아니며 서울 터줏대감으로서 방대한 저술활동을 끊임없이 벌였던 **활동가**였고, 그에 대한 소문도 알 만한 사람에게는 상당히 알려져 있었으나, 그의 사상의 래디칼한 성격에도 불문하고 그는 서울에서 아무 탈 없이 평생을 은일(隱逸)하게 보냈다는 사실이다.

자아~ 생각해 보자! 십여 대에 걸쳐 벼슬한자리 못했고 자신도 벼슬길과는 무관했던, 상민(常民)과 거의 분별이 되지 않을 궁반한족의 한사람이, 장안도성한복판에서 좋은 책이란 책은 다 사들일 수 있는 으리떵떵한 부자며 또 당대 누구의 추종도 불허하는 학식을 소유한 대유(大儒)라는 이 괴리와 모순을 과연 우리는 어떻게 설명할 수 있을 것인가? 이에 대하여 우선 혜강 자신의 고백을 들어보자!

> 우리집안이 비록 소외되었고 미미한 집안이래서 이름 있는 가문과 같은 대열에 낄 수는 없지만 세세로 통혼하는

---

37) 李佑成, "상기논문," 4쪽.

집안들이 있어 알 만한 사람들은 다 안다.

吾雖寒微, 不敢齒名族, 世有姻婭, 塗人耳目。38)

이것은 홍석주(洪奭周)가 혜강을 사충서원(四忠書院: 老論 四大臣, 金昌集·李頤命·趙泰采·李建命을 祠享하는 곳이며 이 서원의 有司는 당대의 名碩으로 선임되고 출세길이 보장되었다)의 유사(有司)로 맞아들이고 우암서원(尤庵書院) 유사(有司)를 겸임케 하여 그를 관계(官界)로 끌어들이려고 회유공작을 폈을 때, 혜강이 그것은 당색(黨色)의 앞잡이가 되고 마는 짓이라 하여 그 제의를 단호히 거절하면서 자기자신에 대한 강한 자부심을 표명한 문맥에서 나오는 말이다.39) 그러나 이 혜강 자신의 말 속에서도 혜강의 집안이 원래 한문(寒門)이라는 사실을 확인할 뿐, 우리의 의문을 풀어줄 수 있는 결정적 단서는 발견되지 않는다. 다시 말해서 통혼관계로 가문의 체통을 유지했다는 것이 곧 우리가 말하는 장안의 만권지서를 소장한 거유(巨儒)의 풍도를 설명해주는 단서는 될 수가 없기 때문이다. 한미한 집안인 이상 그 통혼관계가 성립한 문

---

38) 「惠岡崔公傳」, "상기논문," 2쪽.
39) "상기논문," 8~9쪽.

족들의 사회적 지위도 양반이라 해도 크게 성세를 누리지는 못했을 것이기 때문이다. 사실 우리가 제기한 질문에 대한 상세하고도 석연한 대답을 제시할만한 자료는 현재 우리 손에 있지 않다. 따라서 이 문제에 대한 나의 통찰만을 약술하는 것으로 본 논문을 끝맺으려 한다.40)

---

40) 이 책이 쓰여질 1990년 당시 나는 혜강의 전기자료에 관하여 별 정보가 없었다. 따라서 너무 지나치게 혜강을 반열(班列) 밖에서 생각한 것은 잘못이라고 생각한다. 혜강은 엄연한 양반문족으로서 장안 내에서 무시할 수 없는 성세를 누리고 살았다. 1853년(50세)의 호구단자에 의하면 그는 西部 養生坊 松峴契 第三統 第二戶 (지금의 한국은행 본점자리)에 살았으며 그가 거느린 노비만 해도 24명에 이르고 있다. 그리고 그의 다섯 딸도 모두 당시의 명문이었던 全州李氏, 安東權氏, 白川趙氏, 南陽洪氏, 靑松沈氏에게 시집갔다. 이런 사정으로 보아 혜강의 생애는 서울의 양반으로서 별 손색이 없는 문화적 기반 위에서 이루어진 것으로 보아야 하겠지만, 그는 개명한 역사의 흐름을 선취한 선각자였으며 그의 인간관계가 편견 없이 매우 폭넓은 것이었다는 사실을 전제로 할 때 이하의 논리전개는 그 나름대로 하나의 가능성을 인정될 수도 있을 것이다. <개정판 주>

제15장 단절과 연속의 통합: 서울이라는 사회의
         은상(隱相)과 현상(顯相)

첫째, 혜강은 분명 으리떵떵한 양반은 아니다. 족보상으로는 양반이로되 그의 실 삶을 구성하고 있었던 가치관은 이미 당시 서울양반이라고 하는 실권을 장악하고 있던 지배계층의 에토스에서 이미 이탈되어 있다. 이러한 이탈을 가능케 한 결정적 사실이 바로 그가 권력핵심부를 탐할 필요를 느끼지 않았던 한미한 문벌의 존재일 뿐이라는 역사적 사실의 역설적 논리다. 즉 그의 가문의 족보상의 뼈대는 그에게 귀족이라는 프라이드는 주었고 접인(接人)관계에서 괄시받지 않을 명분은 허락했으되 그의 가문의 현실적 정황은 양반문벌의 에토스에 로얄티를 지켜야만 할 하등의 부담을 안겨주지 않았다. 바로 이 사실이야말로 그의 학문이 조선조 문명 전통과의 단절성을 결정짓게되는 결정적 단서를 제공하는 것이다. 혜강은 말한다: **농부나 공장(工匠)이라 할지라도 천경(天**

經)을 선독(善讀)할 수 있으면 그들이 바로 유자(儒者)이다.[41] 다시 말해서 혜강은 사·농·공·상이라는 계급(혹은 신분)[42]을 가치서열의 하이어라키로 파악하지 않는다. 상기의 언급은 농부라 할지라도 농사를 잘 짓는 지혜만 가지고 있으면, 공인이라 할지라도 훌륭한 공산품을 만드는 기술을 가지고 있으면, 그들은 모두 선비대접을 받아야 마땅하다는 것을 이야기하고 있다. 이것은 그 천경(天經, 자연의 법칙)을 잘 이해하는 지혜야말로 석학(선비)의 지식과 동일한 가치를 부여받을 수 있어야 한다는, 매우 미래학적 신념을 표방한 것이다. 이것은 혜강의 기학(氣學)을 일관하는 사민사해(四民四海) 평등사상으로서, 사·농·공·상은 단지 사회기능상의 분화일 뿐이라는 매우 철저한 사회철학적 신념을 표방한 것이다(물론 士의 통합기능의 중시는 강조되고 있지만).[43] 이러한 사회, 그가 기

---

41) 農夫善讀天經爲上農, 工匠能識天經爲良工, 故均是儒也。有得于天經者, 可以體認聖經。『推測錄』, 6/3a.
42) 계급과 신분의 개념적 차이에 관해서는 나의『老子哲學 이것이다』(서울: 통나무, 1989), 339~344쪽에 상술되어 있으므로 꼭 한번 참고해주기 바란다. 계급은 경제사적 하부구조를 전제로 한 개념이며, 신분은 세습적 규정에 관한 것이다.
43) 所禀之氣, 以飮食衣服保護之, 以敎學見聞導達之。將此二者, 論其輕重, 非敎學則衣食之事無由得行, 非衣食則敎學之事亦無由得行, 是無輕重矣。論其貴賤, 衣食之事, 人人之所營爲; 敎學之

철학적으로 구성한 이러한 사회의 모습이 그의 이매지내이션 속에서 가능할 수 있었다는 것은 곧 그가 당대의 양반이라는 지위로부터 특권을 누리는 계층에 속한 인물은 아니었을 것이라는 사실이 지적될 수 있을 것이다.

둘째, 그렇다면 혜강은 상민인가? 혜강은 해월(海月)과 같은 상민은 아니다. 혜강은 해월처럼 문자의 세례를 받지않은 사람이 아니다. 당대의 최고석학이라 말할 수 있는 정약용의 지식범위를 능가하는 대유며 거유며 석학이다. 그러나 혜강은 분명히 당대의 내로라 하는 양반세계에서 소외된 인간임에 틀림이 없다. 혜강의 교우관계와 사승관계가 그렇게 방대한 지식의 체계를 소유한 자로서 그 활동범위가 바로 한양도성 내였음에도 불구하고, 소위 "양반문화"로부터 이탈되어 있다는 사실은, 그것이 단절로서 끝나는 것이 아니라 그 단절된 면과는 다른 면에서 연속이 이루어지고 있었다는 역사적 사실을 반증하는 것이다. 이것은 곧 조선조 후기 서울의 사회상에 대한 공정한 이해, 더 나아가서는 한 역사를 구성해 가는 인간세의 은상(隱相, hidden phase)과 현상(顯相,

---

事, 賢俊所可能, 貴賤判焉。使之通工易事, 有無相資, 各保所禀之氣, 乃導率之力。『氣學』 1/16a.

dominant phase)에 대한 중층적 이해를 요청하게 되는 것이다.

혜강은 분명 양반이다. 그러기 때문에, 철저하게 신분을 중심으로 생각했던 조선조의 사회현실을 존중한다면 혜강은 양반신분을 벗어날 수는 없다. 특히 그의 아들(長子) 병대(柄大)가 그가 60세 되던 해(1862) 문과에 합격하였고 그로써 그의 집안의 일대전기를 맞이하였으며, 그의 저술의 말미를 대부분 아들 병대의 발문(跋文)으로 장식하고 있는 것만 보아도 아들의 양반운세회복에 대한 무한한 프라이드를 가지고 있었던 것 같다. 두 사람은 부자관계이기도 했지만 더없는 지적 반려이기도 했다. 그리고 죽고나서 15년 후에는 대사헌 겸 성균관 좨주(祭酒)로 추증되었다(1892년).

중인(中人)이란 명칭은 원래(鮮初부터) 신분질서의 위계상의 가운데라는 뜻으로 생긴 말이 아니라 그들이 산 곳이 서울의 중심부를 점유하고 있었기 때문에 생겨난 말이라고 전한다. 중인이란 즉 "서울가운데 사는 사람들"이란 뜻이다. 양반이 아니면 다 쌍놈인 조선조의 사회분위기 속에서 중인도 쌍놈이긴 하였지만 중인은 쌍놈치고는 양반의 소양을 지닌 쌍놈이며, 또 어중간한 양반들(실직을 얻지 못하고 밀려나

거나 급제자를 못내 빌빌거리는 양반들)에 비하면 보다 확실한 직책과 직업을 가지고 있었던 테크노크라트였다. 그들이 가지고 있었던 지식과 기술과 관직은 세습되었고 또 폐쇄적 통혼관계에 의하여 매우 확실한 지역성과 계급성이 확보되면서 누대로 광범위한 연계조직을 확대해 나갔다. 나는 선말(鮮末)의 서울문화를 상상할 때, 당쟁이나 제한된 관직포스트에 밀려 부동(浮動)하는 양반문화보다도 오히려 이 안정된 중인문화야말로 서울본토박이 토착문화의 바탕을 형성하는 것이 아닌가하는 생각을 하게 된다. 그리고 그들은 정치권력의 하부를 점령하고 있었을지언정 실제적 행정사무와 기술기능을 장악하고 있었고 또 정치권력의 세력판도로부터는 어느 정도 무관한 중립성에 의하여 보호되고 있었기 때문에 막스 베버의 말대로, 근대적 뷰로크라시44)의 합리적 측면(rationality) 즉 전문적 자율성(professional autonomy)과 정치적 중립성(political neutrality)을 어느 정도 보지할 수 있었던 계층이었던 것이다. 이들의 축적된 전문적 지식과 합리적

---

44) 물론 막스 베버가 제시하는 근대적 뷰로크라시의 제 측면에는 못 미치는 것이지만, 분업화된 기능성, 라이프 테뉴어(life tenure)에서 발생하는 전문성, 객관적 시험을 거치는 선임방식, 실력의 그레이딩, 조직의 집권성, 등등에 있어서 매우 합리적 측면이 발달한 소양이 있었던 계층이었다.

에토스는 서울문화의 보이지 않는(hidden) 기층을 형성하였고 이것은 선말(鮮末)에 내려올수록 도미난트 파우어를 형성해 갔으며 그도 그럴 수밖에 없었던 것이 조선역사의 근대성의 추구의 향방이 자연스럽게 그들의 에토스를 보다 적극적으로 수용하지 않을 수 없었기 때문이었다. 지금 족보가 양반이 아니면 꺼려하는 우리나라 고질병 때문에 이 중인의 연구가 정직하게 독자적으로 진행되질 못하고 있는 실정이지만 소위 서울토박이 양반이라는 사람들의 상당수가 양반이 아닌 중인이었고, 이 중인들이 개화과정에 있어서 매우 중요한 역할을 담당했다는 것을 알고 있다. 사실 이념적 충직성(ideological loyalty)이나 윤리적 엄격성(moral rigorism)만 고집했던 양반보다 이념적으로 중립적이었고 윤리적으로 가변적일 수 있었던 이들은 세상(世相)의 물결에 보다 민감하고 개방적이며, 따라서 융통성 있게 편리를 추구할 수 있었고 따라서 개화과정에 있어서 알짜배기 실리꾼들이며 기술자들이었던 것이다.

혜강의 생애와 학문은 비록 그가 양반이라는 족보에서 일탈될 수 없다할지라도 대국적인 국면에서 볼 때는 바로 조선조의 양반문화와의 연속성보다는 조선조의 중인문화 혹은 개명한 무반문화와의 연속성 속에서 이해되는 것이 타당하다고 나는 추론하고 싶다. 바로 그의 교우관계가 중인들과의 적지않은 접촉으로 이루어져 있다는 것은 이규경, 김정호와의 관계에서도 유추할 수 있으며 그가 성리학의 적통을 고수하는 양반문화전통보다는 세계주의를 지향하는 폭넓은 관점에서 글을 쓰고 있다는 엄청난 사실(그의 글이 중국의 경학을 일탈하였음은 물론 조선조의 유학자의 설을 인용하거나 편린적으로 언급하는 것도 하지 않는다. 퇴계고 율곡이고 반계고 성호고 다산이고 그는 아랑곳하지 않는다. 이것은 조선지식계의 정말 경이로운 사건이다)로써도 방증될 수 있는 것이다. 다시 말해서 윤리에서 물리로의 전환이라는 혜강의 테제는 바로 조선조 오백 년을 면면히 흐르는 유교문화의 합리성(=신이 없는 문화, the rational culture without God)이 중인계층의 기술문화의 합리성의 기반을 타고 선말(鮮末)의 사회계층의 해이와 함께 점점 도미난트 포스로 드러나는 과정의 역사성을 집약한 지혜의 소산이 아닐까하고 나는 생각해 보는 것이다. 나는 그의 통혼관계가 과연 구체적으로 어떠한 것이었는지 알지 못한다. 그러나 그가 서울에서 상당히 부유한 터주노릇을 할 수 있었다는 것도 결코 십대 이상 벼슬 한자리 없는 몰락한 양반이라는 사실만으로는 도저히 설명이 되지 않는다. 혜강의 **신분**은 양반이었다. 그러나 실제로 그는 중인문화의 한복판에서 개화되어가는 건강한 우리 역사의 어느 폭넓은 **신진 기층**을 대변한 인물이 아닐까 생각해보는 것이다. 중인이나 개화된 양반계층과의 교류관계 때문에 서울에서 그래도 유족하게 발붙이고 살 수 있는 모종의 코넥션이 확보되어 있었던 서울의 소시민이었을 것이다. 다산이 유배덕분에 강진·귤동에서 18년이라는 장구한 세월 동안 저술에 전념할 수 있는 호기를 얻었다면, 혜강은 서울 한복판에서 당시 지배계층의 권력구조에서 소외된 어떤 그룹의 그림자에 가리워져 있었기 때문에, 래디칼한 사상에도 불구하고 평생 저술에만 전념할 수 있었던 은일(隱逸)한 유배생활을 엔죠이할 수 있었던 것이 아닌가 생각되는 것이다. 지금도 그러하지만 권력계층들은 자기들의 권력에의 직접적인 위협세력이 아니라고만 판단하면 그의 실제 사상내용이나 대중적 영향의 여하에도 불구하고 아예 치지도외 해버리는 근시안적 오류를 범한다. 촛불의 정 가운데는 오히려 어둡고 덜 뜨겁다. 혜강은 다산과는 달리 촛불의 한가운데, 권력의 핵심부, 서울의 한복판의 어두운 밀실에서 그 촛불을 통째로 폭파시켜 버릴 수 있는 에너지를 비축해나가고 있었던 것이다.

맑스는 자기의 사회주의를 가리켜 과학적 사회주의(scientific socialism)이라고 부른다. 즉 사회주의의 도래는 엘리트의 조작에 의하여 이루어지는 것이 아닌 역사적 필연이며, 그 필연은 과학적 법칙처럼 움직인다는 것이다. 혜강의 기(氣)의 운화지리(運化之理)에 대한 신념은 바로 이런 과학적 필연성에 기초한 낙관주의를 표방한 것이다. 북한 학자들이 프롤레타리아라는 혁명적 실천의 이데아를 전제하고 혜강의 사회철학을 평가하여 혜강이 꿈꾼 사회는 실천적 방법론을 결여한 부르죠아의 몽상적 발상이라고 통박하고 있지만, 나는 혜강의 철학은 오히려 새 세상의 개벽에 관한 문명사론적 전환의 신념을 기화(氣化)의 필연성으로 귀착시켰고 그러한 기화(氣化)의 필연성과 더불어 조선조의 정치적 종언을 불가피하게 만드는 구심점을 제시한 위대한 **과학적 기학**의 선구적 철학으로서 평가되어야만 한다고 생각한다.

그가 부자였다는 사실도 그렇게 과장되어서는 안된다. 혜강은 그가 산 책을 다시 팔았다. 그가 책을 산 것은 지식욕의 충족을 위한 필연성 때문이었지만, 책을 다시 팔지 않으면 안되었다는 것은 그의 삶이 매우 궁색한 측면도 있었다는 사실을 동시에 말해준다. 그리고 그가 사들인 책들이, 그의 손을 거치지 않으면 안되었을 책들이 모두 "연도방국신간지서"(燕都坊局新刊之書)였다는 사실이 주목되어야 한다. 옛날 고경(古經)들이 아니라 "북경에서 발간된 콘템포러리 서적"들이었다는 사실이 보다 중시되어야 한다. 즉 당대의 양반석학들의 관심, 혜강보다 더 부자인 서울사람들의 관심이 "연도방국신간지서"에는 있지 않았을 뿐 아니라, 그러한 책들의 가치를 식별할 수 있는 식견이 없었다는데 있는 것이다. 지금도 부자들은 옛날 골동품에는 거액을 주고 관심을 쏟지만 살아있는 오늘의 걸작품에는 어두운 것과도 같다 할 것이다. 혜강의 관심은 미래지향적이었던 것이다. 물건은 아는 자에게로 모이게 마련이다. 대재벌의 회장처럼 돈이 많아서 골동을 모으는 사람도 있지만, 돈은 좀 없어도 골동을 정말 사랑하고 잘 알기 때문에 좋은 물건을 잘 모으는 사람이 있다. 혜강은 물론 후자 스타일에 속하는 사람이었을 것이다.

> 책을 구하는데 돈이 너무 많이 든다고 투정하는 사람이 있으면 혜강은 다음과 같이 말하곤 하였다: "가령 **이 책 중의 사람**이 나와 같이 동시대에 살고있는 사람이라고 한다면 천리라도 불구하고 찾아가야만 할 텐데 지금 나는 아무 수고하지 않고 가만히 앉아서 그를 만날 수 있다. 책을 구입하는 것이 돈이 많이 들기는 한다지만 식량을 싸 가지고 먼 여행을 떠나는 것보다야 훨씬 난 것이 아

니겠나?"

> 或言求書費多者, 惠岡曰:「假令此書中人, 並世而居, 雖千里, 吾必往。今吾不勞而坐致之。購書雖費, 不猶愈於齎糧而適遠乎?」45)

"이 책 중의 사람"(此書中人)은 바로 그의 학문의 사승을 결정짓고 있는 사숙(私淑)의 대상이다. 이 사숙의 스승들은 공맹(孔孟)도 아니었고, 퇴율(退栗)도 아니었고, 다산(茶山)도 아니었다. 그들은 중국에서 번역되어 들어온 서양각국의 기화(氣化)의 성인들이며 당대 중국의 개명한 근대화의 선구적 사상가들이었던 것이다.46)

---

45) 惠岡崔公傳; 李佑成, "상기논문" 4쪽.
46) 혜강은 중국에서 번역되어 발간된 서양서적들로서 "榮華書院과 堅夏書院에서 번역된 책"이라는 표현을 쓰고 있는데 이 兩書院에서 당시 무슨 책들이 번역되어 나왔는지는 현재 나로서는 알 길이 없다. 이것은 嚴復의 번역사업에 훨씬 앞선 것이다. 중국근대사 전공의 학자들께서 이런 문제를 소상히 밝혀주었으면 한국사상사의 매듭을 푸는데 큰 도움이 될 것이다. 挽近中西相通, 書籍有英華・堅夏兩書院之飜譯, 學藝有曆算器械之實用。於是聞見幽通於天下, 事業大同於人間。『推測錄』 5/40a-b; 且英華・堅夏兩書院, 專事飜譯, 則西國之效華夏易, 使華夏變西文難。是非可以彼善乎此, 此善乎彼, 論之也。惟取其同文通行之義也。『神氣通』 1/16b.

제16장 센타와 페리페리

 다산은 일생을 페리페리(주변)에서 살았다. 그렇지만 그의 모든 관심은 센타(중심)에 있었고 실제적으로 그의 행동은 센타에 영향을 주었다. 혜강은 일생을 센타에서 살았다. 그러나 그의 관심은 항상 센타를 초월한 곳에 있었다. 다산도 당시의 서학(西學)이나 개명한 중국의 현실학문에 폭넓은 관심을 가지고 있었지만 그가 실제로 응용한 라이브러리는 유배지 부근에 축적되어 있었던 윤씨(모친계열) 고택의 장서들이었고, 그 장서의 대부분은 경학이 주종을 이루는 것이었다. 그러나 혜강의 라이브러리는 전혀 다른 카탈로그로 메꿔져 있었다. 다시 말해서 이 양자가 사숙하고 있는 레퍼런스가 완전히 달랐던 것이다. 혜강은 오로지 책을 사는 사업으로서 그의 일생을 일관했다. 그는 책을 사는 벽 때문에 가산을 탕진하였고 또 몰락하였다(책 사는 벽 때문에 좋은 집까지 날리고 궁한 곳으로 이사 다녔다). 그러나 그의 도서구입은 곧 조선문명의 축을 바꾸는 작업이었다. 그의 라이브러리야말로 조선문명의 신문명 개벽의 젖줄이었던 것이다. 혜강은 바로 이러한 사업 때문에 끝내 서울을 떠날 수 없었다. 서울이야말로 그에게 있어선 도서구입의 최적처였던 것이다.

혜강은 서울 한복판에 살면서도 벼슬길에 오르지 않았다. 그가 경학의 냄새는 전혀 피우지 않지만 경학에 달통한 자가 아니면 쓸 수 없는 문장을 구사하고 있는 점으로 미루어보아 그가 마음만 먹었다면 "과거급제"나 혹은 탁류(濁流)로서(추천이나 인맥에 의하여) 벼슬길에 오르는 것이 결코 어려운 일은 아니었을 것이다. 「혜강최공전惠岡崔公傳」은 이러한 문제에 대하여 우리에게 중요한 정보를 제공하고 있다.

> 최공은 어려서부터 천재적 기질이 있었고 재주가 남달랐다. 책을 읽을 때 그 심오한 뜻을 만나면 곧 스스로 자기화시켜 료해하는 능력이 돋보였다. … 중년에 그는 대과(大科: 생원이나 진사가 되고 난 후에 성균관을 거쳐 보는 시험. 文科)에 응시하는 것을 자진하여 포기하였고 벼슬길에 나아가는 것을 단념키로 결의하였다. 그리고 경전연구에만 온갖 힘을 쏟았으며, 때때로 관동, 영남, 호남 등지의 산수(山水)에 유(遊)하면서 그 견문과 뜻을 넓혔다.

幼英異, 讀書遇奧義, 輒能自解… 中歲廢大科, 絶意仕
進, 大肆力於經典, 間遊東南山水, 以廣其志。

  권력의 핵심부에 살았기 때문에 오히려 권력의 속성과 실
상을 잘 파악하고 있었던 한비자(韓非子)처럼 혜강은 이미
조선조 문명의 사망을 환히 내다보고 있었고 따라서 학문이
벼슬의 도구가 되어 권력의 시녀노릇을 한다는 것이 얼마나
부질없는 일인가를 도성안에 살고 있었기에 너무도 잘 알고
있었다. 촌놈들은 벼슬길에 올라 서울구경 한번 하는 것이
평생소원이다. 그러나 혜강은 벼슬은 안 했을지라도 이미 서
울의 터주대감이다. 생각만 회전시키면 주변의 벼슬타령하는
유생들이 너무도 가련하게 보였을 수도 있었을 것이다. 그에
게 있어서 과거에 응시한다는 것은 자기가 부정하는 기존체
제와의 야합을 의미하는 것이며 그의 양식은 그것을 허용하
지 않았다. 물론 한문(寒門)으로서 중인이나 시세를 정확히
파악하는 양반들과의 교우가 두터웠던 그에게 과거급제 해본
들 주어질 수 있는 관직(실직)이란 빤할 빤자요, 그런 관직을
얻어 경직(京職)을 못 얻고 외직(外職)으로나 뺑뺑이 도는 인
생이 얼마나 피곤한 것인가를 빤히 내다볼 수 있을 만큼 개
명한, 즉 우둔한 촌놈이 아닌 해씀한 서울놈이었던 것이다.

다시 말해서 그의 아이덴티티는 벼슬길에 있었던 것이 아니라 서울문명의 이기를 엔조이하고 사는 서울토박이의 소시민적 안락이었던 것이다. 당대 서울에는 이미 권력에 의하여 좌우되지 않는 상당한 생활인구가 정착하여 생활자본을 축적해 가고 있었다는 사실, 그리고 그들의 윤리는 왕조의 좁은 인맥·지맥·관맥 싸움에서 벗어난 개방된 삶 그 자체를 지향하고 있었다는 사실이 새삼 지적될 필요가 있을 것이다.47) 혜강은 요새 감각으로 말하면 일찍이 "서울대학병"을 탈피한 생활철학인이었다.

혜강이 방대한 지식의 소유자며 그의 생전에 이미 그의 저서가 북경(北京) 정양문내(正陽門內) 인화당(人和堂)에서 초디럭스 호화 활자판으로 간행되기까지 했던 그러한 국제적 인물이었다는 사실은 물론 당대 재상들의 관심을 사기에 충분한 것이었다. 그리고 그들은 혜강이란 장안의 석유(碩儒)를 자파의 이익을 위한 희생양으로 써먹으려는 노력을 게을리 하지 않았다. 그러나 그들의 께임은 정정당당한 께임이 아니었다. 벼슬을 미끼로 혜강을 돌고 돌게 하는 우회적 방법이

---

47) 서울시사(市史)를 쓰는 사람들이 이런 서울사람들의 생활사에 보다 주력하여 기술하여 주었으면 한다.

었다. 1835년에 헌종이 어린 나이로 왕위에 오르고 외척 조씨가 세도를 잡은 지 7년만에 수상이 된 조인영(趙寅永)이 혜강에게 사람을 보냈다.

> 趙相國寅永, 將薦遺逸土, 使人諷惠岡, 盍移寓郊畿之外。48)

> 조인영 相國이 혜강을 遺逸土로 천거할 생각이 있어 사람을 보내 혜강에게 암시주기를 당분간 서울 근교 산림으로 이사 나가 사는 것이 어떠하겠냐고.

여기서 유일사(遺逸土)라 함은 산림(山林)에 믇혀 양덕(養德)하는 고매한 처사를 말하는 것인데, 이조후기 때부터 집권층은 일대(一代)의 명성과 권위가 있는 처사를 유일사로 천거하여 자기 정권의 존현숭덕(尊賢崇德)의 명분을 세우는 간판으로 이용해 먹었던 것이다. 한번 유일(遺逸)로 천거된 사람은 어떠한 관직이 주어지더라도 "산림"(山林)이라는 호칭을 그대로 지니고 국왕으로부터 빈사지례(賓師之禮)의 융숭한 대접을 받았다. 그런데 혜강과 같이 벼슬은 한 적이 없어도 서울의 항간의 시정잡배들과 섞여 살면 "산림"으로서의 격국

---

48) 「惠岡崔公傳」, "상기논문," 7~8쪽.

(格局)이 형성될 수 없다는 것이다. 그러니 좀 교외 산림으로 나가 살라는 것이다. "교기지외"(郊畿之外)란 서울에서 다소 떨어진 지방, 예를 들면 포천(抱川)·파주(坡州)·과천(果川)·광주(廣州) 등지를 일컫는다. 이에 대하여 혜강은:

이름을 도둑질하여 구차스럽게 벼슬길에 오르는 그런 떳떳치 못한 짓을 나는 하지 못합니다.

竊名以干進, 吾不能也。

조인영은 차선책으로 다시 사람을 보내어 그럼 과거에 응시해 보는 것이 어떠한가 하고 물었다.(復遣人, 問可應科擧否?) 과거에만 응시하면 뒷꿍꿍이 수작해서 합격시켜 주고 벼슬자리를 주겠다는 것이다. 혜강은 이것마저 단호히 뿌리쳤다.

여기서 우리는 "거절의 자유"가 보장된 서울시내의 상식의 세계를 발견하게 되는 것이다. 조선조 문명을 바라볼 때 우리는 너무도 그릇된, 오늘에 비교하여 상대적으로 부정적인 색깔로 일양적으로 도배질 해버리는 습관이 있다. 박정희의 군사독재 밑에서도, 전두환의 피비린내 나는 압제 속에서도, 김일성의 그 무거운 동상 밑에서도 사람은 살고 있고 바른 생각들은 숨을 쉬고 있다. 최소한 혜강이 살았던 조선조 한양의 모습은 그러한 소시민적 자유가 숨쉬고 있었던 그러한 모습이었다. 혜강은 역대 재상들의 끈질긴 권우에도 불구하고, 모든 권좌의 유혹에도 불구하고 끝내 벼슬길에 오르지 않았다. 상동(尙洞) 널찍한 집채 한구석에 양한정(養閒亭)이라는 정자를 지어놓고 화초를 기르며 아들 병대(柄大)와 담론하면서 한가롭게 보냈다. 그는 오로지 책을 살 수 있고 책을 쓸 수 있는 "생활환경" 그것만이 관심이었고, 다행히도 그 바램은 평생을 통해 풍랑을 타지 않았다. 아니 그 자신이 그러한 소시민적 생활을 적극적으로 성취하였던 것이다. 최한기의 일생은 이성에 대한 인식론적 탐구의 소신 때문에 죽을 때까지 자기 출생지 쾨니스베르그(Königsberg)로부터 60마일 밖을 나가본 적이 없는 임마누엘 칸트(Immanuel Kant, 1724~1804)의 소시민적 삶에 비유될 수 있을 것이다. 그 성취가 가능할 수 있었던 것은 기화지리(氣化之理)의 민중적 확산에 대한 낙관적 신념 때문이었던 것이다. 구질서는 간다. 새 질서는 오고야 말 것이다!

제17장 상식과 비상식

혜강의 사유세계를 특징지우는 단 한마디의 단어를 고르라고 한다면 나는 서슴치 않고 "상식"(common sense)이라는 한마디를 고를 것이다. 혜강의 모든 사유세계는 철저하게 이 상식이라는 건강성에 의하여 관통되고 있다. 인류의 진리의 역사는 상식의 역사다. 그러나 이 상식은 역사적으로 연변(演變)한다. 혜강이 19세기 중엽에 한양에서 도달한 상식의 구조는 오늘날 서구라파 문명이 고전물리학·현대과학의 눈부신 성과를 거치면서 도달한 이성주의의 최첨단의 상식의 구조를 능가하는 상식의 구조를 과시하고 있다.

그는 기를 말하되 단(丹)이나 점(占)에 미쳐 날뛰는 방술학(方術學)이나 외도학(外道學)을 말하지 않는다. 그는 역산물리(曆算物理)를 말하되 천방학(天方學=theology, 신학)을 말하지 않는다. 그는 기로서 전 우주와 인간을 관통하되, 무형지리(無形之理)를 숭상하는 과거의 형이상학(中古之學)을 말하지 않는다. 그에게 있어서 무형과 유형, 형이상학과 형이하학, 종교와 철학, 윤리와 과학은 모두 기학(氣學)으로서 통합되는 것이다. 그는 종래의 모든 형이상학을 "췌마학"(揣摩學: 엉터리 추측학)이라 불렀다. 그리고 종래의 모든 종교학을 "낭유학"(稂莠學: 알맹이 없는 쭉쟁이학)이라고 틀렀다. 그는 오로지 "기학"만이 인류의 미래적 비젼이라고 굳게 믿었다. 그의 『기학』을 오늘 말로 번역하면 난 이렇게 번역하겠다: "Prolegomena to All Future Science"(앞으로 올 모든 과학의 통일이론). 그의 기학은 정신과 육체, 자연과 작위의 이분을 허용하지 않는다. 그의 기학체계에 있어서는 천지 내에 존재하는 모든 사태는 유형(有形)일 뿐이다. 인간의 느낌・사유, 모든 정신작용 즉 추측지리(推測之理)도 유형지리(有形之理)일 뿐이다. 인간의 학문의 모든 오류는 유형지리(有形之理)를 무형지리(無形之理)로 파악하는데서 발생한 매우 단순한 오류라고 그는 지적하고 있다. 그러나 그가 말하는 유형지리는 평면적인 유물론의 구조가 아니다. 오늘날의 생리학(physiology)이나, 생화학(biochemistry), 혹은 분자생물학(molecular biology)이 도달하고자 하는 유기체론적인 사유의 틀까지도 제시하는 어떤 통합적 이론을 지향하고 있는 것이다. 아직도 심(Mind)·신(Matter)의 문제를 놓고 정교한 논리를 축적해나가고 있는 어리석은 서양철학의 대가(大家)들을 생각할 때, 그리고 개체발생은 계통발생을 되풀이한다는 진화의 사실이 명백하게 드러나는 과학적 상식의 풍토 속에서도 무리하게 창조론(Creationism)을 부르짖고, 창조학회나 결성하고 앉아있는 철따구니 없는 실험실의 과학자들을 생각할 때, 혜강의 디스코스로부터 완전히 그 사고의 틀을 바꾸어 새롭게 시작해 보는 것이 오히려 정합적인 세계관과 우리 삶에 유용한 힌트를 제시하리라고 나는 확신하는 것이다.

제18장 혜강과 해월(海月)

 혜강(1803~1877)의 『기학』이 성립한 것은 1857년의 일이다. 최수운(崔水雲, 1824~1864)의 『동경대전東經大全』이 성립한 것은 1861년부터 1863년까지의 일이다. 그리고 해월(崔慶翔, 1827~1898)의 "향아설위"(向我設位) 설법이 성립한 것은 1897년 4월 5일이다. 이 세 최씨의 맥을 통하여 우리는 조선문명의 근대성의 전환의 축의 결정적 계기를 발견하게 되는 것이다. 다산은 임금에게 강의를 한 권력 핵심부의 석학이다. 혜강은 권력과 무관한, 개명한 중인 혹은 시대를 앞서가는 무반지식인들과 교류관계를 유지한 서울의 몰락 양반이다. 수운은 경주 용담의 별 볼일 없는 양반의 재가녀(再嫁女)손이다. 해월은 검등꼴 화전민 동네의 서향(書香)과는 거리가 먼 보통사람이다. 다산은 주역(周易)과 상례(喪禮)의 사전(四箋)을 말하였고, 혜강은 일신운화(一身運化)와 통민운화(統民運化)와 천지운화(天地運化)가 통일된 기화(氣化)

를 말하였다. 수운은 혼원지일기(渾元之一氣)를 말하였고 "내유신령(內有神靈), 외유기화(外有氣化), 일세지인(一世之人), 각지불이(各知不移)"를 말하였다. 해월은 이천식천(以天食天)을 말하였고 양천(養天)을 말하였고 향아설위(向我設位)를 말하였다. 여기서 우리는 19세기 조선사상사의 거맥을 한눈에 굽어볼 수 있지만 역시 다산의 비젼과 세 최씨의 비젼 사이에는 넘지 못할 거대한 단절의 홍구를 발견하게 되는 것이다.

혜강과 해월은 매우 대조적 인물이다. 전자는 철학과 이론의 천재라면, 후자는 종교와 실천의 천재다. 혜강은 서울에서 정착된 안온한 일생을 마쳤지만 해월은 서울 밖 민중 속에 온갖 고락을 같이 하며 단 하루의 안정도 얻지 못하고 떠돌아 다녔다. 그러나 이 둘을 묶고 있는 매우 중요한 공통점은 급박한 기대로 인하여 좌절됨이 없는 끈기와, 끊임없는 삶의 노동, 건강한 상식에 대한 믿음이다. 그러나 우리의 역사는 이들의 믿음을 배반한 채, 日帝(대일본제국주의)와 美帝(대미제국주의)와 馬帝(맑스제국주의)의 한 세기를 굴러 다녔다. 19세기에 이들이 처절하게 체험한 **단절**이 21세기로 접어가는 오늘날 새로운 **연속**으로 다시 창조되지 않는 한, 우리는 개벽의 믿음을 또 다시 배반한 채 일제와 미제와 마제의 쳇바퀴만 굴리고 앉아있는 어리석음만 남기게 될 것이다.49)

1990년 5월 29일 아침
于奉元齋

---

49) 이 논문은 원래 제목, "讀氣學說"(『氣學』을 읽고 말한다)이 말하는 대로 『氣學』이라는 혜강의 논저 내용을 소개하려는 의도에서 집필되었던 것이다. 본래의도와는 달리 『氣學』의 내용보다는 최한기의 철학과 삶을 이해하기 위하여 새롭게 설정되어야 할 입문적 오리엔테이션으로 흐르고 말았다. 그러나 혜강에 대한 구체적 이미지가 아직 형성되지 못한 오늘날 우리나라 학계의 실황을 고려할 때 나의 작업은 그런 대로 사계의 연구자들에게 참고의 자료를 제공한다고 믿는다. 그리고 새 전기자료를 발굴해주신 李佑成선생님께 이 자리를 빌어 특별한 감사를 뜻을 전하고 싶다 『氣學』의 내용은 말미에 약간 개략적으로 논급했으나, 그 不備함을 遽急하게 탓할 필요는 없다. 앞으로 『氣學』의 번역서가 출간되면 충분한 토론이 진행될 것이다. 따라서 이 논문은 앞으로 출간될 『氣學』 번역서에 대한 序章的 성격으로서 이해하면 족할 것이다. (『氣學』은 경상대학교 孫炳旭교수에 의하여 완역되었다. 그 개정판이 2004년 통나무출판사에서 출간되었다. 개정판 註)

독기학설 讀氣學說

1990년 7월 20일 초판 발행
2004년 1월 20일 개정판 1쇄
2015년 11월 11일 개정판 3쇄

지은이 김 용 옥
펴낸이 남 호 섭
펴낸곳 통 나 무

서울시 종로구 동숭동 199-27
전화: (02) 744-7992
팩스: (02) 762-8520
출판등록 1989. 11. 3. 제1-970호

ⓒ Kim Young-Oak, 1990   값 8,500원

ISBN 978-89-8264-202-9 (03150)
ISBN 978-89-8264-200-5 (세 트)